O florista da web

DÉBORA RUBIN

O florista da web

A história de Clóvis Souza, fundador da Giuliana Flores, o maior vendedor de flores pela internet

MATRIX

facebook.com/MatrixEditora

Matrix Editora - Tel. (11) 3868-2863
atendimento@matrixeditora.com.br
www.matrixeditora.com.br

Diretor editorial
Paulo Tadeu

Capa
Daniela Vasques

Diagramação
Alexandre Santiago

Revisão
Adriana Wrege
Lucrécia Freitas
Silvia Parollo

Dados Internacionais de Catalogação na Publicação (CIP)
SINDICATO NACIONAL DOS EDITORES DE LIVROS, RJ.

Rubin, Débora
O florista da web : a história de Clóvis Souza, fundador da Giuliana Flores, o maior vendedor de flores pela internet/ Débora Rubin. - 1. ed. - São Paulo : Matrix, 2013.

1. Giuliana Flores (Firma). 2. Flores - Cultivo - Brasil - História. 3. Negócios - Recursos de rede de computador. 4. Internet. 5. Comércio eletrônico. 6. Sucesso nos negócios. I. Título.

13-02173 CDD: 635.90981
CDU: 635.9(81)

Agradecimentos

Este livro jamais teria sido feito se não fosse a vontade do próprio Clóvis em registrar sua história. A ele, toda a minha gratidão pela oportunidade de poder contá-la, por ele ter me confiado não só suas vitórias, mas também suas passagens dolorosas e momentos difíceis. E pela paciência com o longo processo que escrever um livro exige.

Ao Juliano, seu irmão e braço direito, que fez a ponte entre nós todo esse tempo, me auxiliou com os milhões de dúvidas que tive enquanto escrevia e fez a revisão rigorosa do livro.

À dona Maria Rita, a matriarca dessa família Souza, pulso firme que fez com que os quatro filhos tivessem uma vida boa e digna.

A todos os funcionários da Giuliana Flores, em especial aos que pararam suas funções para conversar comigo. À tia Fátima, que sempre cuidou para que eu estivesse sendo bem atendida e a toda hora me levava cafezinho.

Ao meu editor, Paulo Tadeu, que acreditou no projeto logo de cara e fez com que este livro ficasse bem melhor.

À Luciana Burger, uma das maiores especialistas em e-commerce do país, profissional do Portal Terra e professora da ESPM, pela aula que me deu sobre cookies, marketing digital, everywhere commerce e todas as tendências do setor. O mesmo vale para o consultor do Sebrae Gustavo Carrer, pela exposição sobre a evolução do empreendedorismo brasileiro.

Um agradecimento especial para minha tia Claudia Maria Fernandes, que me abrigou, me alimentou e me acolheu em sua casa em Conchas, no interior de São Paulo, durante o período no qual escrevi este livro. E aos meus quatro primeiros leitores por seus comentários, perguntas e críticas: minha mãe Vilma Lúcia Fernandes, minha prima Olívia Tomazela, minha grande amiga Isabela Barros e meu namorado André Julião, que me ajudou a editar o livro.

Por fim, obrigada ao colega jornalista Bruno Galo, da *IstoÉ Dinheiro*, especializado em tecnologia e internet, pelas dicas e orientações sobre e-commerce, além de todos que foram entrevistados para este livro.

DÉBORA RUBIN

Sumário

Prefácio
Os loucos pioneiros

No princípio, éramos "os loucos". Porque era assim que eram vistos aqueles que ousavam vender pela internet, em meados dos anos 2000. Em 2002, quando a loja de rua que eu tinha criado completava dois anos e eu dava os primeiros passos no comércio eletrônico, conheci um comerciante com história semelhante à minha. O nome dele, Clóvis. Seu negócio, uma floricultura. Nós nos encontramos em uma das tantas empreitadas nas quais os pioneiros do e-commerce brasileiro se esbarravam naqueles tempos: o QualiVillas, um shopping virtual criado pelo Banco Real para incentivar pequenas e médias empresas a vender pela internet. Como eram poucas, ficava mais fácil trocar figurinhas sobre fornecedores, sistemas de pagamento, logística e outros tantos temas que permeiam um negócio on-line.

Ninguém sabia muito bem até onde aquilo podia ir. Nem como chegar lá. Não existia um livro sobre o tema, faltavam especialistas no país. Aprendemos fazendo. Lá fora reinava a Amazon, a poderosa mãe das vendas on-line. Aqui, no entanto, não existia uma empresa grande que guiasse as menores. Aliás, ninguém nascia grande na internet. Éramos todos pequenos. E crescemos juntos.

A empatia entre mim e Clóvis se deu por razões que iam além dos perrengues do mundo digital. Nós dois começamos com loja de rua e temos o comércio no sangue. Sabemos o que é atender um cliente olhando em seus olhos. Como donos do negócio, fomos obrigados a entender de tudo um pouco e a dominar o processo inteiro. Tudo se concentrava em nós, e cada decisão passava pelo nosso crivo pessoal. Até os nomes de nossas marcas têm algo em comum; foram soluções um tanto caseiras. Netshoes foi sugestão de uma tia minha. Giuliana era o nome da primeira namorada do Clóvis.

Até a abertura da Giuliana Flores e da Netshoes no universo digital, ninguém acreditava que era possível comprar esses produtos pela web sem ver, sem tocar. Mesmo nossas famílias duvidavam que seria possível. Quantas vezes não me perguntaram: "Marcio, como você vai vender tênis pela internet? Como a pessoa vai experimentar o produto?". Certeza que o mesmo aconteceu com o Clóvis: "Flor? Você deve estar maluco! Flor estraga rápido, vai chegar murcha ou despetalada". Mas ele conseguiu. Eu consegui. Superamos a fase da descrença e atingimos outro patamar, o do profissionalismo, reconhecimento e sucesso. Nós conseguimos.

Quando fui conhecer a sede da Giuliana Flores, em São Caetano do Sul, fiquei impressionado com a estrutura. É uma linha de produção que transforma a flor em arranjos, cria um novo produto, tira foto e entrega. Não se trata simplesmente de compra e venda de flores, e sim da criação de algo novo. Saí de lá entusiasmado. A Giuliana Flores, assim como a Netshoes, passou por todas as fases de amadurecimento do e-commerce brasileiro: a criação de um modelo que ainda nem existia, o crescimento acelerado em resposta à demanda – muita gente comprando e pouca oferta na praça – e, por fim, a consolidação do negócio. Agora estamos entrando numa quarta fase, o tão esperado momento das vacas gordas, de colher o que plantamos com tanta dedicação.

Clóvis e eu somos empresários com perfis bem distintos. Tocamos nossos negócios à nossa imagem e semelhança. Nossa essência, entretanto, é a mesma: somos varejistas de origem. Temos o business na veia. Eu cresci rodeado de sapatos, com todos os meus parentes envolvidos com seus pequenos negócios. Sou, antes de tudo, um comerciante. Ele cresceu vendendo flores – e nunca deixará de ser um florista. Amamos e acreditamos nos produtos que vendemos, somos apaixonados em fazer o nosso negócio crescer e fomos corajosos o suficiente para não desistir nos momentos mais árduos. Sobrevivemos, crescemos e fizemos escola.

Em um momento de grande excitação, no qual as vendas pela internet crescem 25% ao ano no Brasil, não hesito em dizer que Clóvis

Souza foi fundamental para a consolidação do e-commerce brasileiro. Com seu jeito observador e de forma muito humilde, sempre escutou seus pares e aprendeu com outros empresários. Foi assim, com raça, paixão e muita perseverança, que ele construiu seu império de flores. É por isso que o admiro muito.

Já não somos somente os loucos da história. Agora, somos também os pioneiros.

Marcio Kumruian
CEO e fundador da Netshoes

Prólogo

Em 1990, quando Clóvis Souza abriu as portas de sua primeira floricultura em São Caetano do Sul, região do ABC paulista, eu tinha 11 anos e estava cursando a quinta série do ginásio (que hoje se chama quinto ano do Ensino Fundamental), em São Paulo. Nem ele e muito menos eu, uma criança, imaginávamos que naquela mesma década iria surgir um negócio chamado "internet", que revolucionaria a vida de todas as pessoas. Naquele começo de década, ele só queria ter seu próprio negócio e, um dia, transformar sua pequena loja na maior e mais vistosa da Grande São Paulo. Eu sonhava em ser jornalista e fazia, à mão, com uma letra bem feia, diga-se de passagem, um jornalzinho sobre a minha rua que depois era xerocado pelo meu pai e distribuído por mim mesma. Nem máquina de escrever eu usava.

Poucos anos depois, um novo aparelho eletrônico invadiu a casa dos brasileiros e mudou tudo. Com um computador, eu passei a escrever mais rápido – e com uma letra padronizada, compreendida por todos. E Clóvis, também com apenas um computador, agilizou a parte burocrática do seu negócio, que crescia ano a ano. Nele era possível digitar os contratos de decoração de casamentos, seu principal foco até então. Já era muito, mas era só o começo. Daquela mesma tela surgiria a possibilidade de um novo rumo, que ele e empresários do mundo todo tomariam na década seguinte: o comércio eletrônico.

Quando Clóvis criou seu site, em 2000, o e-commerce começava a tomar forma no país. E os portais revolucionavam a indústria das notícias. Eu estudava Jornalismo e tive a sorte de começar a trabalhar em uma grande redação quando as máquinas de escrever já tinham sido aposentadas e o Google, santo Google, já existia. Nós, os novatos, éramos motivo de chacota dos jornalistas mais velhos, que adoravam dizer: “Fazer jornalismo com os buscadores é muito mais fácil”. Ainda bem.

A internet mudou o jeito de fazer notícia, de fazer negócio e, principalmente ao longo dos últimos anos, com a explosão das redes sociais, de se relacionar. Não existe mais fragmentação entre o virtual e o real. As novas gerações, os chamados nativos digitais, vivem essa integração com naturalidade. E as transformações são cada vez mais rápidas.

Eu só fui conhecer o Clóvis em 2011, quando já era um grande empresário, dono de um dos sites mais conhecidos de venda de flores, e eu uma repórter de uma revista semanal. Fiz uma entrevista com ele para uma matéria sobre pessoas vencedoras em diversos campos de atuação: nas artes, nos negócios, em vendas, no mundo acadêmico etc. Todas as histórias eram incríveis, mas a dele me cativou em especial. Fui eu quem perguntou, sem grandes pretensões, se ele já tinha pensado em escrever um livro sobre sua história. Clóvis ficou pensativo um tempo, com uma cara surpresa, e disse que não, que jamais tinha considerado escrevê-la.

Quando a matéria foi publicada, ele ligou para agradecer e perguntou sobre a ideia de fazer o livro. Então a conversa ficou séria. Perguntei se ele queria que eu fosse sua *ghost-writer*, e Clóvis foi de uma honestidade que eu jamais esquecerei: “Imagine se as pessoas vão acreditar que eu escrevi um livro! Prefiro que você mesma escreva”.

Clóvis é assim, honesto e prático. Está sempre correndo, em mil reuniões por dia, muito ocupado. Mas quando senta para conversar com uma pessoa, presta total atenção nela. É simpático e brincalhão com seus funcionários. Passa segurança no que faz. Foi obrigado a aprender muito mais do que seu primeiro ofício, o de florista, para chegar onde está. E só cresceu porque sente um prazer genuíno no que faz.

Durante seis meses de 2012, eu fui diversas vezes à sede da empresa, em São Caetano, para entrevistar parentes, funcionários, parceiros e amigos de Clóvis. E fiz quatro longas sessões de entrevistas com ele. Também o acompanhei em uma madrugada na Feira de Flores, na

Ceagesp, e observei a movimentação da empresa em algumas datas especiais para a floricultura. Tive que ler e aprender um pouco sobre e-commerce e sobre empreendedorismo.

O que começou como uma proposta informal de trabalho virou a reportagem mais extensa que já fiz. No dia a dia de uma redação, dificilmente se tem a oportunidade de mergulhar tão fundo na vida de uma única pessoa. Ouvir relatos, checar dados, costurar histórias que cada um conta de uma forma diferente. Compartilhar da emoção de gente que acompanhou cada momento da vida de Clóvis e que vibra até hoje com suas conquistas. Em cada entrevista, fui percebendo que a história era mais interessante do que eu imaginava.

Um livro sobre um empresário é visto como uma ferramenta útil para estudantes de Administração, empreendedores em potencial e, neste caso, para profissionais ligados ao comércio eletrônico. Mas eu tenho certeza de que a saga do florista de São Caetano do Sul pode interessar a qualquer leitor que se entusiasma com grandes histórias de vida. Essa é uma delas.

Introdução
Dia de feira

A lua cheia ainda vai alta no céu quando quatro caminhões de médio porte tentam cavar um espaço entre gigantes veículos de entregas. São 4h36 de uma terça-feira fria de maio. É a semana do Dia das Mães, principal data de vendas para todo e qualquer brasileiro que produz, entrega e comercializa flores. Na maior feira do país, na Companhia de Entrepostos e Armazéns Gerais de São Paulo, a Ceagesp, pouco mais de 15 mil compradores ignoram o frio de 16 °C e começam a se acotovelar para garantir o que há de melhor nas bancas de cerca de mil produtores recém-chegados de cidades próximas a São Paulo, como Holambra, Mogi das Cruzes e Atibaia.

Um desses compradores é Clóvis Souza, fundador da Giuliana Flores, a maior floricultura on-line do país. O empresário chega dirigindo um dos quatro caminhões de sua pequena frota – um caminhão extra foi alugado especialmente para a data – e rapidamente repassa a lista de compras organizada previamente por sua irmã Michele no dia anterior. Sua missão é retirar as encomendas, acertar os pagamentos da compra feita na semana anterior e carregar os caminhões com toda a delicadeza que sua matéria-prima exige.

Parece fácil. A tarefa, no entanto, consome ao menos quatro horas de sua manhã. E é realizada pelo empresário, tal qual uma gincana, duas vezes por semana, há mais de duas décadas. Para ajudá-lo na função, ele leva um funcionário ou seu irmão mais novo, Jefferson. É ali, na Ceagesp, que ele compra grande parte das flores que revende. O restante é entregue diretamente por fornecedores na sede da empresa, em São Caetano do Sul, cidade charmosa do Grande ABC com 150 mil habitantes, conhecida por ter um dos melhores Índices de Desenvolvimento Humano (IDH) do país.

Um apito é disparado às 5 horas. É o sinal que libera o carregamento das compras. O agito fica maior. Entram em cena os carregadores. São mais de cinco mil homens munidos de carrinhos de mão que pegam as flores, folhagens e adereços, como vasos e velas, para levar até os carros dos compradores. Macalé, que mal se lembra de que seu nome de batismo é Walter Souza Filho, é o mais antigo deles. São 46 anos dedicados à profissão. Aos 74, ele segue firme na lida. Macalé nasceu em Jaú, interior de São Paulo, e veio à capital em busca de trabalho. Chegou no tempo em que o bonde custava um tostão, e foi tipógrafo, encadernador e vendedor, até chegar ao lugar em que seu trabalho seria definido e o ajudaria a sustentar seus vinte filhos de três mulheres diferentes. Foi ele quem fez a figura do carregador ser reconhecida, montou até o sindicato da categoria.

Quando Macalé conheceu Clóvis, o empresário ainda era um jovem e promissor florista. Hoje, a empresa do amigo é sua principal fonte de renda, sua melhor cliente. Para carregar a maior compra do ano, Clóvis precisa de Macalé e de mais três carregadores. Eles ziguezagueiam pelo pavilhão com pressa. Cada corrida custa R$ 20, e quanto mais rápido eles trabalham, mais faturam. Ao todo, os quatro profissionais solicitados por Clóvis fazem 28 viagens em quatro horas de compras. Em média, uma viagem a cada 8,5 minutos.

A compra na Ceasa, o outro nome pelo qual a Ceagesp é conhecida, quadruplica na data mais especial do ano. Trabalhar com um produto natural e perecível como flor exige jogo de cintura. Um fornecedor avisa que a chuva-de-ouro, uma espécie de orquídea, está em falta. Uma encomenda feita por Michele pode não ter vindo por causa de fatores climáticos. E acontece de Clóvis decidir levar algo que não estava na lista. O importador de rosas colombianas – as preferidas do momento – diz que o produto sumiu do mercado porque os americanos estão comprando tudo. As rosas nacionais também estão em falta. E rosas não podem faltar. São as flores mais vendidas, não importa a data. Por causa do frio e da chuva elas não vingaram e, para compensar a baixa produção, o preço está mais alto.

Clóvis no escritório da empresa

Enquanto negocia um preço melhor para as rosas, Clóvis orienta Macalé e os demais carregadores pelo celular. Ao mesmo tempo, instrui o irmão Jefferson a buscar os vasos e cachepôs no final da feira. É tudo muito dinâmico, o que não o impede de bater um papo com um velho amigo que planta orquídeas ou com o dono de uma tradicional floricultura de bairro. Um produtor de girassol comenta que viu Clóvis no jornal, em uma reportagem sobre os desafios de crescer em um ramo instável como o de flores. Na Ceagesp, todo mundo sabe quem ele é. Uma celebridade do ramo.

Enquanto circula, seus quatro caminhões vão sendo preenchidos de rosas, gérberas, lisiantos, astromélias, margaridas, girassóis, lírios, tulipas, begônias, crisântemos e uma infinidade de folhagens e adereços decorativos. Quatro horas depois, com os caminhões carregados, a equipe da Giuliana Flores completa o ritual comendo pastel. São 9h16 quando eles deixam a Ceagesp rumo a São Caetano.

Quando chega à sede, Clóvis checa a produção, em que 170 funcionários trabalham em ritmo acelerado por conta do Dia das Mães, 40 deles contratados apenas para a data. Ele libera os pagamentos do dia, almoça rápido e segue para uma reunião em uma grande empresa de varejo, com quem busca mais uma parceria. É só o começo de uma longa semana de trabalho. Passada a data, o empresário celebra mais um recorde. Foram 6.650 pedidos na véspera do Dia das Mães, 48% a mais que no ano anterior. Somente em rosas, foram vendidos cerca de 130 mil botões.

O ritmo da empresa começa a acelerar em março, no Dia Internacional da Mulher, aumenta em maio e continua crescendo em junho, no mês dos namorados. É um período intenso, no qual a empresa se renova a cada semana. O crescimento traz novos desafios: para a mesma data do ano seguinte será preciso expandir o depósito, comprar mais uma câmara frigorífica para armazenar as flores, adquirir mais um caminhão e aumentar o contingente de mão de obra. Talvez seja preciso até mudar de prédio, pois o espaço ficou apertado. Tudo começa a ser pensado com pelo menos um ano de antecedência.

Em meio a tanta preocupação, Clóvis poderia mandar um funcionário de confiança fazer o trabalho exaustivo e braçal da Ceagesp, como fazem alguns de seus concorrentes. A Feira de Flores, no entanto, é a sua Disney, um dos momentos de sua rotina que ele mais preza e que mais prazer lhe dá. É ali que ele toma contato com a base de seu trabalho: a flor *in natura*. É onde se mantém atualizado sobre as novidades do mercado, os problemas de safra, os perrengues da produção. É quando solidifica suas parcerias com fornecedores e carregadores. Na sábia filosofia de Macalé, que fala um punhado de frases em japonês, tamanha a presença nipônica entre os floricultores, ir às compras na Ceasa é o que faz de Clóvis um grande vendedor. Afinal, lembra seu carregador mais fiel, um bom vendedor é antes de tudo um bom comprador.

Ir à Ceasa é também uma maneira de manter os pés no chão e nunca esquecer como tudo começou.

Capítulo 1
O aprendiz de florista

E se...

Quem nunca se perguntou o que teria sido de sua vida se tivesse feito tudo de outra maneira? O famoso "E se...?". Maria Rita prefere nem pensar sobre o assunto. Tudo saiu do jeito que tinha de ser.

Aos 60 anos, é grata pelo que lhe aconteceu. Não olha para trás nem questiona o que teria ocorrido caso tivesse aberto mão de seu filho. Ou se tivesse se casado com o pai dele. Seria Clóvis Josué Cordovil de Souza, seu filho primogênito, um empresário de sucesso, reconhecido pelo feito de ter transformado uma pequena floricultura de São Caetano do Sul em um poderoso case de e-commerce? Nunca ninguém saberá. O que todo mundo sabe é o que de fato aconteceu.

Clóvis nasceu no dia 11 de maio de 1970. Enquanto 90 milhões de brasileiros entravam em ebulição com a Copa do Mundo no México, Maria Rita fugia. Deixou Duartina, uma pequena cidade do interior paulista, próximo a Bauru, e se alojou na casa de uma irmã na capital, em São Miguel Paulista, zona leste da cidade. A fuga foi motivada por sua condição de mãe adolescente e solteira. A família tinha lhe dado duas opções: ou ela se casava com o pai da criança ou dava o filho para adoção. Ela escolheu a terceira: ir embora com seu rebento. A jovem mãe de 18 anos tinha apenas duas certezas: que não se casaria de forma alguma e que ninguém lhe tiraria o maior presente do seu primeiro Dia das Mães, seu filho.

Em São Paulo, Maria Rita percebeu que a fuga seria bem mais complicada do que imaginava. Órfã desde os 10 anos, fora criada pela avó com conforto e empregados ao seu redor. Sozinha na cidade grande, com um filho recém-nascido, teve de se virar para conseguir se bancar. Fez um curso básico de Enfermagem e trabalhou dobrado em dois hospitais. Criou o filho fazendo o papel de mãe e de pai, até conhecer João Marciano, colega de lida, em um dos hospitais onde dava plantão. Quando Clóvis fez 10 anos, eles se casaram. Foram morar em uma casa que ficava em frente ao Cemitério Quarta Parada, no Tatuapé, em cima de uma floricultura.

A mãe do menino não queria que ele ficasse solto na rua enquanto ela estava fora de casa. A solução seria ocupá-lo desde pequeno.

E o pequeno também tinha lá suas ideias. Queria ganhar seu próprio dinheiro e ajudar a mãe com as despesas. Foram pedir emprego no andar de baixo. O dono da floricultura, em um primeiro momento, se recusou a contratá-lo. Era um garoto novinho demais, pensou.

No fim, venceu a persistência da mãe e do filho. Dias depois, o menino, chamado pela família de Josué, era o mais novo, em todos os sentidos, assistente de florista da loja.

O primeiro arranjo que ele aprendeu a fazer foi coroa. A clientela do cemitério era a que mais demandava serviço. Com o primeiro salário recebido, levou a mãe para comer uma pizza de muçarela no Grupo Sérgio, lendária rede de pizzarias que fazia sucesso nos anos 1970 e 1980. Um pequeno mimo para uma família que contava as moedas do troco do pão.

A família cresceu. Aos 11 anos, Clóvis ganhou uma irmã, Michele. Em pouco tempo, eles deixaram para trás a casa em cima da floricultura e foram buscar mais espaço em São Caetano, cidade que estava se transformando em um bom lugar para se viver, e não mais apenas um polo de grandes fábricas do setor automobilístico e varejista.

O primogênito logo se empregou em uma nova floricultura. Ainda era um pirralho de calças curtas, mas já podia se dizer florista. Afinal, tinha experiência e mãos calejadas de tanto limpar rosas.

Com o primeiro salário do novo emprego, aos 12 anos, comprou um quadro com uma casinha esculpida em madeira e deu para Maria Rita. E fez a promessa: "Um dia vou comprar uma dessa de verdade para você". Hoje, o quadro decora uma das paredes da sala da casa de verdade, um confortável apartamento de três dormitórios próximo à sede da empresa.

Em São Caetano, Maria Rita conseguiu emprego como educadora em uma escola infantil municipal. Trabalhou com as crianças durante dez anos. Foi nesse período que nasceu seu terceiro filho, Juliano. Clóvis, já adolescente, começava a frequentar os bailinhos das domingueiras. Podia ser visto badalando na companhia do amigo Jésus Henrique, que ele conheceu na Escola Municipal de Ensino Fundamental Senador Fláquer, no bairro Fundação, onde estudou até a oitava série. Jésus é um dos seus melhores amigos até hoje – e fã incondicional de suas vitórias.

Clóvis era o único da turma que tinha dinheiro próprio para bancar a farra. Foi nessa época que, já florista experiente, o menino começou a flertar com uma possível carreira de modelo. Magro, de olhos azuis e cabelos compridos, chamava a atenção das meninas das matinês e dos donos de agências locais. Fez uns trabalhos aqui e acolá e foi parar até na televisão, nos programas *Domingo Legal* e *Viva a Noite*. Chegou a receber uma proposta para ir para o Rio de Janeiro, mas dona Maria Rita não deixou. E nem era essa sua sina.

As longas esperas nos testes, a disputa entre os modelos, a demora em aparecer um trabalho e o alto gasto com as roupas da moda não valiam o cachê. Fazer figuração até que era legal, mas exaustivo.

E havia a timidez. Televisão era para os extrovertidos. Além disso, tempo era dinheiro, e Clóvis queria mais era fazer render. Continuou plantando sua história no caminho das flores. Mudou de emprego algumas vezes, trabalhou como decorador *freelancer* de igreja, foi auxiliar de jardinagem, paisagista, e sempre florista. Aos 18 anos, já sabia fazer quase tudo que o mercado de flores permitisse.

É lembrado pelos ex-chefes pelo capricho que tinha com cada ramalhete que manuseava, pela criatividade em fazer os arranjos e pela agilidade. Sem contar a organização. Todo florista dos anos 1980 tinha um quê de rústico e bagunceiro. Clóvis não suportava uma bancada cheia de folhas, pétalas e sujeira. Com a mesma velocidade com que montava um elegante buquê de noiva, limpava a área e reiniciava o trabalho. Seria o xodó das donas de floricultura da cidade, não fosse tão ousado.

O problema do adolescente é que ele era muito palpiteiro. Queria não só montar um buquê, mas dar ideias sobre como vender mais, gerar movimento. Trabalhava como se o negócio fosse dele. Via um potencial incrível em cada pequena loja de flor da cidade e só precisava ser ouvido se o proprietário quisesse crescer. Ninguém deu trela. E, assim, ele ia trocando de emprego toda vez que não tinha mais o que aprender no lugar onde estava. Nunca se importou em ter carteira assinada, preferia ser independente e ir ganhando experiência.

O dilúvio

Aos 18 anos, Clóvis já tinha dinheiro suficiente para comprar um carro. Aprendeu a dirigir no Monza do amigo Fábio Sanches Occiuzzi, um estudante de Odontologia que ele conheceu por meio de outro amigo, em uma das tantas floriculturas onde trabalhou. Enquanto não comprava o seu próprio carro, Fábio disponibilizava o seu para o amigo ir comprar as flores e fazer seus trabalhos como autônomo.

A Variant de três cores, seu primeiro bem, é lembrada até hoje como símbolo de sua primeira vitória. O carro modelo 72 era verde, tinha para-lamas vermelhos e muita massa corrida cinza espalhada pela carcaça. Era velho, mas com ele já não era mais preciso pegar carro emprestado para ir até a Ceagesp. Era independente, embora ainda tivesse medo de dirigir sozinho e se perder fora de São Caetano. Para garantir, fazia sempre a mesma rota – ia pela Avenida Bandeirantes e voltava pela Avenida do Estado, duas das rotas mais movimentadas de São Paulo. Depois da Variant, ele teve uma Belina e uma Kombi 1982. A coisa parecia estar melhorando – até a tragédia vivida pela família em 1990.

Em março daquele ano, um dilúvio deixou São Caetano debaixo d'água. A casa alugada pela família Souza Marciano ficou submersa e não sobrou absolutamente nada, nem roupa para as crianças. Juliano tinha apenas 5 anos. Maria Rita passou oito horas esperando pelo resgate dentro de uma água suja, barrenta e fria, o que lhe rendeu alguns problemas de saúde posteriormente. No fim do dia, quando Clóvis voltava da Ceasa, mal pôde subir o viaduto da entrada da cidade. Viu tudo alagado, inclusive o bairro onde morava. Bateu o desespero. Por onde recomeçariam? Naquela noite dormiram na escola onde Maria Rita trabalhava.

Fazia um ano que a mãe de Clóvis, Michele e Juliano frequentavam uma igreja evangélica do bairro. Solidário à dor daquela família, o pastor ofereceu a casa dos fundos de seu pequeno templo para eles morarem pelo tempo que precisassem. A matriarca assumiu a função de zeladora da igreja e fez caber a família toda, cinco pessoas, em um quarto-sala-cozinha. Tempos de muito aperto, de espaço e de grana. Perdiam completamente a privacidade nos horários de culto, quando os fiéis circulavam por ali a caminho do banheiro, que era um só para todos eles e para os frequentadores da igreja. Os amigos, parentes e colegas da escola onde Maria Rita era educadora ajudaram com doações de móveis e roupas.

Viver de favor na casa dos outros, morar de aluguel, perder tudo, morar atrás da igreja. A saga da família dava a Clóvis mais energia e gana de trabalhar. E a certeza de que a grande virada dependia somente dele. Sonhava, cada vez mais, com seu próprio negócio.

Foi nessa fase de vida aboletada atrás da igreja que Clóvis conheceu Giuliana, uma menina de 16 anos, alta, de pele clara, filha de um italiano com uma paulista do interior de São Paulo. O namoro logo engrenou e, além do encantamento típico dos primeiros romances, ele adorava o nome dela, a sonoridade das palavras italianas.

Soava muito diferente de tudo que conhecia. A mãe de Giuliana, Ivana Aparecida Ferreira, conhecida pelo apelido Cléo, trabalhava em uma confecção de roupas e, vivendo somente com a filha única, conseguia manter um padrão de vida relativamente confortável.

Um dia Clóvis chegou cabisbaixo à casa de Cléo, com cara de derrota. Ela perguntou o que tinha acontecido e ouviu do namorado da filha que ele queria muito abrir sua própria floricultura. E que tinha chegado perto de conseguir. O negócio não virou porque seu sócio em potencial, um amigo serralheiro que também o acompanha até hoje, estava com o nome sujo na praça. Com pouco dinheiro e sem parceiro, ele teria de esperar mais tempo para concretizar seu grande desejo. Cléo, então, surpreendeu o jovem e se ofereceu como sócia. Ela entraria com uma pequena quantia que tinha guardado, e ele, com sua modesta reserva, mão de obra e todo o *know-how* de anos trabalhando com flores. Era o apoio de que ele precisava para dar o pontapé inicial. Clóvis tinha 19 anos.

Crise? Que crise?

Não foi a enchente do começo do ano nem a vontade de comprar uma casa para a mãe as razões que mais motivaram Clóvis a abrir seu próprio negócio naquele momento. Ele acreditava que em São Caetano não havia mais espaço para vendedores de flores e sabia que ainda precisava juntar mais dinheiro. Foi o ponto que o convenceu. Clóvis era amigo do dono da casa número 150 da Rua Monte Alegre, região central da cidade, e estava ali ajudando o proprietário a pendurar a placa de "aluga-se" quando, ao olhar para trás, se deu conta do quão movimentada era aquela rua. Teve certeza de que o lugar era promissor. Ali passavam muitos carros e pedestres, qualquer comércio prosperaria. Chegou a comentar com o dono, que lhe respondeu:

"Se você quiser, é seu. Nem vou colocar a placa!".

Foi o que deu ao jovem a certeza de que aquele era o momento oportuno para empreender. Não queria perder a oportunidade. Cléo apareceu na hora certa.

O ano que corria não era dos mais animadores. Em 1990, Fernando Collor, o primeiro presidente brasileiro a ser eleito democraticamente após 28 anos sem eleições diretas, começou seu governo de forma devastadora. O Plano Collor, que trocou o cruzado novo pelo cruzeiro, congelou salários, preços e confiscou as poupanças com mais de 50 mil cruzados novos, quebrou as pernas e as esperanças de milhões de brasileiros – em especial de pequenos empresários que apostavam suas modestas economias no negócio de suas vidas. O clima geral era de pessimismo. Falava-se em crise. O plano econômico tinha sido anunciado em março e, seis meses depois, quando Clóvis e Cléo abriram as portas da Floricultura Giuliana – nome escolhido pelos dois sócios –, grandes empresas começavam a demitir e a cortar custos.

O ambiente para empreender tampouco era convidativo, por questões burocráticas – uma das maiores queixas do empresariado brasileiro desde sempre – e também por uma questão social. Montar um negócio nos anos 1990 era visto como falta de opção. Nas faculdades de elite, os pais davam estudo a seus filhos para serem contratados pelas multinacionais e pelos grandes bancos. Muitos ainda sonhavam com a estabilidade da carreira pública. Os empresários daqueles tempos, pequenos e médios, eram os brasileiros de classes menos favorecidas que não podiam estudar ou que tinham sido demitidos de seus empregos e, sem conseguir recolocação, abriam um pequeno negócio. Era o chamado empreendedorismo por necessidade. Esse processo não foi de todo negativo. Graças a uma economia instável, o brasileiro teve de aprender a empreender na marra, o que rendeu ao país já naquela época um dos maiores índices de empreendedorismo mundial.

Vinte e dois anos depois, o Brasil apareceria como o terceiro país mais empreendedor do mundo, atrás dos Estados Unidos e da China, a primeira colocada. O levantamento, feito pela Global Entrepreneurship Monitor (GEM), tinha detectado nesse momento 27 milhões de brasileiros com um negócio próprio ou planejando montar sua empresa. Uma das constatações da pesquisa foi a de que o brasileiro já se aventurava a empreender muito mais por uma questão de oportunidade que de necessidade. Ser dono do próprio nariz tinha virado moda. Era esse o novo fetiche dos universitários. Já existiam revistas segmentadas para esse público, programas na TV, uma infinidade de livros, organizações como o Serviço Brasileiro de Apoio às Micro e Pequenas Empresas (Sebrae), apoiando fortemente a causa e, principalmente, milhares de casos de empreendedores bem-sucedidos que encorajavam e inspiravam outras pessoas.

Naquele comecinho dos anos 1990, entretanto, nada disso existia. Não era exatamente o melhor momento para iniciar um negócio.

Se fosse estudante de Administração de Empresas ou de Economia, provavelmente Clóvis teria postergado a ideia ou até desejado ser funcionário de empresa grande. Se fosse dado às análises econômicas feitas pelos jornais a partir do quadro político daquele ano, também teria tido receio. A desinformação, por mais estranho que pareça, foi a sua melhor amiga. Clóvis não tinha conhecimento de nada que estava acontecendo no Planalto Central do país. E nem tinha referência sobre como montar um negócio. Tudo que ele sabia é que queria vender flores.

Com um ponto promissor – uma das duas floriculturas mais tradicionais da cidade – e uma sócia, não tinha plano econômico que o impedisse de prosseguir. Plano Collor era preocupação para quem já tinha botado negócio, como diz o jargão dos pequenos comerciantes. Ou para empresário grande. Clóvis estava apenas começando, não tinha nada a perder.

A verba inicial, algo em torno de 15 mil reais hoje, foi usada na reforma da loja de 32 metros quadrados. Clóvis pintou a floricultura com as cores da bandeira italiana (para combinar com o nome da loja) e comprou móveis de baixo custo e de segunda mão. Uma porta de vidro adquirida em um lixão teve de ser adaptada pelo pedreiro para se encaixar no espaço correto. Para economizar, ele mesmo, com a ajuda de Giuliana, colocou o piso e pintou as paredes. Tudo podia e devia ser reaproveitado. Por fim, passou na Ceagesp, comprou um arsenal de flores e abriu as portas em setembro de 1990. O nome oficial, Giuliana Comércio de Flores e Arranjos, só saiu dois meses depois, em novembro, quando é celebrado oficialmente o aniversário da empresa.

A primeira loja

Seu maior receio era o de não conseguir pagar o aluguel. Sua sócia garantiu que se a loja não se pagasse, ela daria conta desse encargo nos primeiros meses com seus rendimentos de costureira. Ouvir tal garantia da então sogra foi fundamental para tocar o projeto adiante. Mesmo assim, prudente, preferiu continuar trabalhando como freelancer em duas floriculturas. Em uma delas, no Shopping Center Norte, trocava o salário por produtos que ele revendia em sua loja. Roberto Yamamoto, o dono da floricultura do shopping, lembra-se bem daquele Clóvis do começo de carreira. Da agilidade, da presteza e do sonho de ter uma loja própria. Anos depois, Yamamoto, que foi seu último patrão, tomou um susto quando passou a ver anúncios da Giuliana Flores por toda a cidade. Seu funcionário tinha falado sério.

Nos primeiros meses, Clóvis começava seus dias às 8h e só parava às 22h. De manhã, fazia os frilas para outros floristas. À tarde, corria para a sua loja para ajudar a namorada, que dava expediente o dia todo por lá.

Cléo nunca precisou desembolsar o dinheiro do aluguel. Já no primeiro mês a loja se pagou. A novidade agradou à clientela da região central de São Caetano. Não tinha como não reparar: o novo comerciante do pedaço era ousado. Não vendia apenas flores. Vendia buquês com passarinhos de madeira que ele ia comprar em Embu das Artes, a 40 quilômetros de São Caetano do Sul. Ousava com espécies que as demais floriculturas evitavam. Enquanto todos buscavam a segurança das rosas e margaridas, ele apostava em begônias, orquídeas, ciclames e lisiantos. E investia nas combinações hoje comuns, como flor com chocolate, velas e pelúcias. Não era mais do mesmo. Era melhor. Os clientes voltavam.

Quando Clóvis terminou o ensino médio, não cogitou fazer faculdade. Não gostava muito de estudar, não tinha recursos para bancar os estudos e não era essa a sua realidade. Trabalhando desde muito novo, sabia que seu negócio dependia de muita ação e pouca teoria. Tinha de colocar a mão na massa. Quando finalmente abriu a loja, sabia que era tudo ou nada. Era um típico empreendedor dos anos 1990, que via a empreitada como uma necessidade, o ganha-pão dele e de toda a sua família. Era a sua grande chance e ele ia fazer de tudo para não deixá-la escapar.

Capítulo 2
O comerciante

A mil por hora

Clóvis quase sempre usa camisa azul. A cor de seus olhos é a sua preferida. É vaidoso, mas sem exageros. Obriga-se a ir três vezes por semana à academia apenas para se manter saudável. Evangélico, vai à igreja todo sábado de manhã e nunca sai de casa sem ler a *Bíblia*. Não abre mão do dízimo. É a sua maneira de agradecer por tudo que conquistou. Mantém hábitos simples, dos tempos em que era um pequeno comerciante de São Caetano. Come o pastel da feira, o cachorro-quente da esquina e não dispensa um feijão com arroz feito pela mãe, Maria Rita, de preferência degustado no refeitório da empresa, ao lado de sua equipe de produção. Não é dado a grandes luxos nem se perde no ócio. Gasta, no máximo, com um bom carro japonês – sempre preto. Tem apreço por sapatos. Metódico, sempre que compra um novo, doa um velho. E assim faz com todas as roupas. Gosta de sair para jantar com a esposa, Renata – está no segundo casamento –, e beber uma cerveja com os amigos no bar de vez em quando. Mas sai pouco. Filmes, prefere os de ação. Música, qualquer uma da canadense Celine Dion. Seu maior prazer? Trabalhar.

Um dia perfeito começa com uma lista imensa de tarefas. Em uma segunda-feira de uma semana puxada, véspera de Dia dos Namorados, ele ficou sabendo que sua principal concorrente tinha sido vendida para um grupo estrangeiro, estava em negociação com um cliente insatisfeito, atendeu um fiscal da Receita Federal na loja e ainda tinha de preparar sua equipe para a data especial. Não poderia ser melhor.

Um dia sem reuniões, sem desafios e sem problemas é um dia perdido. Não consegue sair de férias por trinta dias como sonha qualquer trabalhador brasileiro. Sente que tem de estar presente na empresa para fazê-la crescer. É o fermento da Giuliana. E, quando viaja, inclui em seus passeios visitas a floriculturas. Nunca faltou ao trabalho. No máximo, saiu mais cedo vez ou outra porque passou mal. Dorme, acorda, almoça e respira a empresa.

Não é incomum vê-lo abrindo o sistema da empresa, logo após a novela das 21h, para checar se alguém fez uma compra naquele minuto. Ou até mesmo após o *réveillon*, só para saber se algum cliente já se aventurou em seu site no ano-novo. "Não é o máximo isso? A gente ir dormir e o povo continuar comprando?", suspira, de vez em quando, para a esposa, sempre encantado com as infinitas possibilidades do e-commerce. Ela, também empresária, dona de uma loja de roupas femininas, admira e aprende com tanta energia empreendedora. "Não é pelo dinheiro em si que ele se move tanto. É pela conquista", explica Renata.

Clóvis tem um raciocínio rápido e quer imprimir a mesma velocidade a seus funcionários. Não tem paciência com gente mal-humorada e desanimada. Tira da frente quem reclama da vida – sejam funcionários, amigos ou conhecidos. Quando contrata alguém, percebe rapidamente se o novo empregado vai se destacar e abraçar seu projeto de vida ou se dali a alguns meses vai pedir para sair. Tem fama de centralizador e de um pouco estourado, mas fala baixo até na hora da bronca. É duro, não grosseiro. Gosta de entusiasmo. Não se conforma com quem teme o "não" antes mesmo de tentar o novo. E ensina: gosta mesmo é de tomar não de gente grande.

Ouviu meia dúzia deles até conseguir fechar uma parceria decisiva com a Americanas.com, o site de vendas com um dos maiores números de visitantes únicos por mês do país (5,8 milhões em abril de 2012). Também teve de persistir para conseguir um "sim" de grandes *players* do mercado, como Kopenhagen, Boticário e Havana, grifes que estão presentes em seus arranjos e cestas.

Já foi mais ansioso. Tinha receio de seu negócio estacionar antes de garantir conforto para os irmãos, todos funcionários da sua empresa desde bem novos. Hoje, cada um tem seu carro e casa própria. No auge de sua carreira, ele não se esquece de ninguém que fez parte de sua trajetória. É grato a cada dono de floricultura que lhe deu trabalho ou lhe ensinou algum macete de vendas, a cada amigo que o apoiou, à ex-sócia Cléo, a primeira a acreditar nele como empresário. E é muito agradecido à própria família.

Sua determinação, com certeza, herdou da mãe. Só sentiu falta do pai uma vez, aos nove anos, quando todos os amiguinhos da escola fizeram presentes para os pais no mês de agosto. Já pensou em ir atrás do homem que lhe deu a vida, mas acha que o progenitor é quem deveria ter ido atrás dele quando ainda era novo. Enterrou a história e seguiu adiante. Ainda não é pai, mas sonha em ser um dia.

Sua filha única, por ora, atende pelo nome Giuliana, é maior de idade e lhe proporciona um faturamento anual acima de 20 milhões. É a sua verdadeira razão de viver.

O "pai" de Giuliana confia muito na própria intuição. Arrisca o novo, o desconhecido. Está sempre de olho no que a concorrência faz, frequenta diariamente floriculturas on-line estrangeiras e acompanha grandes cases de e-commerce de outros produtos, como roupas, sapatos, livros e eletrônicos. Quer aprender com quem sabe. Não enfrentou grandes dificuldades nas duas décadas de empresa. Tudo sempre lhe soou como oportunidade, e as coisas simplesmente fluíram. Quando sai para jantar, olha ao seu redor e pensa em quantas pessoas ainda podem comprar flor pela internet. Uma multidão aglomerada em um show é vista como cliente em potencial. Clóvis não imaginava que chegaria tão longe. Ao mesmo tempo, sempre acreditou que dava para ir além. Como define sua assessora de imprensa, Nicole Barros, com ele desde 2009, Clóvis é o tipo de pessoa que enxerga longe sem perceber. A esposa Renata uma vez lhe perguntou: "Até onde você quer ir?". E ele não soube responder. Segue indo.

É admirado pelos funcionários mais antigos, fiéis ao patrão que cresceu e os fez crescerem com ele. Uma de suas qualidades mais citadas por todos com quem convive é a facilidade com que esquece uma mágoa e segue adiante. Não guarda rancor. Em mais de 20 anos de empresa, só teve um processo trabalhista. Gosta de resolver os perrengues na hora. De todos os desafios inerentes ao empreendedorismo, da parte contábil ao delicado relacionamento com um cliente insatisfeito, Clóvis tem certeza de que a parte mais difícil foi aprender a administrar gente.

Hoje, tira de letra. No começo da década de 1990, no entanto, o pequeno comerciante queria apenas dar emprego à sua família.

Mão de obra familiar

Nos primeiros anos de floricultura, o negócio prosperou. Em quatro anos, ele montou uma segunda loja na Avenida Goiás, uma das mais movimentadas de São Caetano do Sul. O espaço era da prefeitura e ficava em uma praça com grande fluxo de pedestres. Cléo era contra abrir o segundo espaço. Clóvis, entretanto, tinha como característica uma certa teimosia quando cismava com algo. Ele havia visto um quiosque parecido na cidade vizinha, São Bernardo do Campo, e se apaixonou pela ideia. Duro foi chegar até o prefeito. Pediu ajuda a um amigo influente que, durante uma festa, apresentou o jovem comerciante ao então administrador do município e fez o político garantir que daria um jeito. Deu certo, e a loja da Goiás se firmou como o segundo ponto da Giuliana Flores.

O quiosque em São Caetano do Sul

Com mais uma loja, Clóvis precisava de mais gente. Sua irmã Michele, então com 14 anos e trabalhando com ele desde os 12, assumiu a tarefa ao lado de um funcionário mais velho. A essa altura, a própria Cléo tinha deixado a máquina de costura para dar uma força no atendimento. Clóvis e Giuliana já não davam conta de tanta demanda sozinhos.

Em 1995, ele decidiu abrir um negócio paralelo, especializado em cestas de café da manhã, moda nos anos 1990. Cléo não quis ser parceira no novo empreendimento, e Clóvis abriu a Cestas Michelli por sua conta. Maria Rita, já recuperada de problemas de saúde, assumiu o espaço. Dois anos antes, ao ser internada por causa de uma pedra na vesícula, descobriu que estava grávida pela quarta vez. Tinha 42 anos. Jefferson, o caçula, nasceu saudável, apesar de todos os prognósticos pessimistas.

Também foi nessa época que Clóvis conseguiu realizar mais um sonho de grande porte, depois de comprar um carro e abrir sua loja. A casa que ele deu de presente para a mãe era mais que um desejo: era a promessa que ele tinha feito aos 12 anos. Mãe e filho foram visitar um sobrado com três dormitórios que estava à venda no bairro Fundação. Havia dois interessados na fila, mas o filho do proprietário era cliente da Giuliana Flores e deu prioridade a Clóvis. Verdade era que ele ainda não tinha dinheiro suficiente para comprar um imóvel daquele tamanho à vista, mas tinha uma entrada significativa.

A cada mês, Maria Rita ficava aflita sem saber se conseguiriam pagar mais uma parcela. Para não correr risco, ela separava diariamente uma porcentagem do caixa da loja para o pagamento da casa, independente do movimento do dia. O esforço tinha seu porquê. Afinal, Clóvis já era um comerciante estabelecido na cidade e sua família ainda morava de favor atrás da igreja.

A equipe cresceu com mão de obra familiar. Até Juliano, com apenas 10 anos, foi convocado para raspar flor e montar arranjo. O menino ficava revoltado. Queria era brincar com os amigos após a aula, como qualquer criança normal. Mas já era sina naquela família começar a trabalhar cedo. Pouco tempo depois, o terceiro filho de dona Maria Rita pediu para ficar no atendimento, onde ele ao menos se divertiria mais e suas mãos não ficariam machucadas.

Fim do namoro, fim da sociedade

A sociedade com Cléo era muito afinada. A sócia-investidora confiava muito no florista, agora comerciante em ascensão. Ela sabia que se tinha uma coisa que ele conhecia bem era flor. E, aos poucos, ele passava a entender também de clientes, vendas, promoções e administração – inclusive a gestão de sua equipe familiar. Teriam sido grandes parceiros por muito mais tempo se não fosse um detalhe: Clóvis já não estava mais namorando Giuliana. E, prestes a se casar com Claudia, sua primeira esposa, achou que seria estranho ter a ex-sogra como sócia. Propôs o fim da sociedade e pediu à Cléo que estabelecesse um preço para sua parte.

O ano era 1997, tempo de privatizações realizadas pelo então presidente Fernando Henrique Cardoso. Três anos antes, o sociólogo, eleito em 1994, tinha colocado ordem na casa ao emplacar o Real, moeda que virou símbolo de estabilidade econômica do país. Como na era Collor, Clóvis estava alheio aos fatos políticos e econômicos daquele momento, mas nunca vai se esquecer da quantia exata que pagou à ex-sócia na nova moeda: 80 mil reais, divididos em dez vezes. Guarda as duplicatas na gaveta até hoje, como faz com todos os símbolos de suas sucessivas vitórias.

Cléo queria continuar a parceria, mas entendeu a situação e foi tocar a vida. Decidiu continuar no ramo e montou uma nova loja, em um ponto ruim da cidade, desaconselhado pelo já experiente Clóvis.

Então aconteceu o que ele jamais esperava que a ex-sócia fizesse: Cléo montou uma loja em frente à dele, na Rua Monte Alegre, onde tudo começou. O que parecia ser ruim acabou sendo fundamental para ele se mexer e fazer seu negócio prosperar. Clóvis reformou a loja, pintou a fachada, mudou o letreiro e decidiu sair da zona de conforto que o bom ponto lhe proporcionava.

Já não dava mais para esperar confortavelmente que a clientela passasse em frente à sua loja. Era hora de ir atrás de novos clientes.

Capítulo 3
Flores por telefone

A era dos catálogos

Maria de Fátima Cordovil de Souza Lima era uma especialista em telemarketing. Já tinha sido operadora nas editoras Abril e Bloch.

Sua função era resgatar clientes perdidos, que tinham deixado de assinar alguma revista. Era uma excelente aquisição para uma floricultura que queria expandir seus domínios para além dos arredores da Rua Monte Alegre. A irmã mais nova de Maria Rita, tia de Clóvis, se juntou ao time. Mais um parente na equipe. Sua experiência fez com que ela iniciasse um trabalho pioneiro na floricultura: medir o nível de satisfação de quem recebia as flores e, ao mesmo tempo, ampliar o cadastro de clientes. Tia Fátima, como é chamada por todos os funcionários da empresa, chegou num momento em que o negócio crescia, graças à sacada que Clóvis teve após o fim da sociedade: os catálogos. Se era possível vender produtos de beleza, roupas e até *Tupperware* por catálogo, por que não flores?

Os arranjos ganharam nomes, códigos de identificação e eram fotografados por eles mesmos. No catálogo, o cliente já ficava sabendo quais eram as flores e produtos de cada arranjo. E, claro, seu preço. Por telefone, podiam encomendar o presente sem ter de ir à floricultura, numa prévia do que seria a venda pela internet. Os catálogos eram impressos em uma gráfica local e, rapidamente, distribuídos pela cidade e em alguns bairros de São Paulo próximos a São Caetano. Luiz Carlos Alves da Silva, motorista e ajudante-geral, chegou nessa época à empresa. Ele se recorda das sucessivas idas que fazia aos Correios para postar mais de 2 mil catálogos por vez. Ele mesmo distribuía pelos restaurantes e pizzarias dos arredores.

O catálogo da Giuliana Flores foi, a uma só vez, um ensaio para as vendas on-line e a primeira propaganda que a empresa fez. O retorno foi imediato. O telefone não parava de tocar. E é aí que entra a tia Fátima e sua experiência em lidar com clientes. Foi ela quem começou a organizar o cadastro dos compradores por telefone. E foi além. Cada vez que o motorista voltava com o canhoto da entrega, com a assinatura de quem tinha recebido o presente, ela ligava para a pessoa e perguntava se ela tinha ficado satisfeita com o produto. Em se tratando de flor, a chance de uma pessoa não gostar é quase nula. Tia Fátima aproveitava a ocasião e perguntava se o presenteado também gostaria de presentear alguém em alguma data especial futuramente. Tomava nota de tudo e, na véspera daquela data citada, ligava perguntando se ela não gostaria de mandar as flores.

E, assim, transformava o presenteado em presenteador.

A clientela ia crescendo, e as vendas também: chegaram a vender 15 arranjos por dia. Um êxito. Nessa época, Fátima ouviu o sobrinho suspirar e dizer que, se um dia ele fizesse cem vendas, estaria realizado. Em 2012, chegavam a picos de mil por dia.

A equipe enxuta não conseguia mais atender o telefone, preparar os arranjos, efetuar as vendas e agitar a entrega de catálogos. Juliano era o braço direito do irmão já aos 15 anos. Fazia inclusive o papel de secretário de Clóvis nas questões administrativas, até ele contratar uma funcionária especialmente para a função. Um único computador tinha sido comprado para Clóvis redigir os contratos de decoração de casamento. E Juliano, aluno em uma escola de informática, era o único que sabia mexer naquela geringonça comprada à prestação nas Casas Bahia. Aos poucos, o adolescente foi aprendendo também a navegar por aquele novo universo chamado internet.

A grande rede

A internet só foi lançada de forma comercial no Brasil em 1995. Em apenas dois anos, o número de internautas passou de 100 mil em 1996 para 1 milhão em 1998. O mais curioso é que a grande rede, que hoje conecta o mundo, surgiu com objetivos militares. Aconteceu nos anos 1960, nos Estados Unidos, como uma das tantas estratégias criadas durante a Guerra Fria. A agência de pesquisas do Departamento de Defesa, Advanced Research and Projects Agency (ARPA), criou uma rede de computadores chamada Arpanet, como forma de se precaver contra possíveis bombardeios do inimigo – a Rússia – nos meios de telecomunicações tradicionais.

Na década seguinte, o uso da Arpanet se estendeu a algumas universidades americanas que colaboravam com estudos sobre a defesa do país. O nome "internet" só apareceu de fato em 1983 e, apenas em 1991, quando o físico inglês Tim Bernes-Lee lançou um projeto mais acessível dentro dessa nova tecnologia em rede, é que ela começou a se popularizar. Bernes-Lee criou o código World Wide Web (o www do começo de todas as páginas) – daí o apelido que ele ganhou de "pai da web". Sua inovação permitiu a utilização de interfaces gráficas mais acessíveis, o que facilitou a navegação pela rede.

Enquanto se popularizava nos Estados Unidos no começo da década de 1990, no Brasil ela engatinhava. A primeira experiência que se tem notícia em solo nacional envolvia a ligação em rede entre a Fundação de Amparo à Pesquisa de São Paulo (Fapesp) com um laboratório de pesquisas de Chicago. Isso foi em 1989. Outros experimentos de cunho acadêmico foram testados até 1994, quando a Embratel lançou o serviço de forma comercial. No ano seguinte, o Ministério das Telecomunicações abriu o mercado para as empresas privadas.

Portais abertos

Na primeira década da internet, as páginas que mais fizeram sucesso foram os portais. Alguns surgiram de provedores que, além de oferecer o serviço de internet propriamente dito através de assinaturas, agregavam notícias, abriam espaço para venda de produtos e, ao mesmo tempo, disponibilizavam aquele que passou a ser o mais veloz meio de comunicação escrita até então: o e-mail. Vinte anos depois, mesmo com os comunicadores instantâneos, o correio eletrônico seguia sendo uma das principais ferramentas para o trabalho e para as trocas pessoais de mensagens. Na sequência dos portais veio a febre dos buscadores (leia mais no próximo capítulo).

O americano Yahoo! foi um dos pioneiros, tanto como buscador quanto como portal. O site América Online (AOL), que brigou com o Yahoo! entre o fim dos anos 1990 e começo da década de 2000 pela primeira posição de mais visitado e mais valoroso, ainda sobrevivia quase vinte anos depois, mas sem a pompa de outrora. O grupo, que fez uma fusão midiática com a Time-Warner em 2000, não deu certo no Brasil. A estratégia de internet paga por meio do uso de disquete e CD-ROM não agradou aos brasileiros nem à empresa, que aterrissou por aqui em 1999 e foi embora em 2006.

Enquanto os estrangeiros brigavam por espaço no país, o brasileiríssimo Universo Online – UOL ganhava terreno. Lançado em 1996, quando quase não havia gente acessando a internet no país, a aposta do Grupo Folha, que edita o jornal *Folha de S. Paulo*, era a médio e longo prazo. A estratégia, desde o início, foi ser um provedor de internet pago e, ao mesmo tempo, um portal de conteúdo – de forma que atraísse não apenas seus assinantes, mas qualquer usuário em busca de informações. Com o passar do tempo, os serviços oferecidos, pagos ou não, foram ficando cada vez mais sofisticados e o portal passou a agregar mais de mil canais. Em 2012, quando completou 16 anos, tinha 2 milhões de assinantes e 35 milhões de visitantes únicos.

Com todas essas novidades, o computador deixava de ser exclusividade das empresas e se tornava mais um item da vida doméstica – entre 1995 e 2000, triplicou a venda do eletrônico no Brasil. Não dava mais para ignorar a tendência, por isso Clóvis e Juliano começaram a considerar a possibilidade de ter um endereço eletrônico. O link da loja, impresso nos catálogos da Giuliana Flores, certamente ajudaria a impulsionar as vendas por telefone. Pouco tempo depois, perceberam que poderiam fazer mais: colocar as imagens dos produtos no próprio site. Seria uma espécie de "catálogo on-line", o que ajudaria a reduzir os custos com a impressão das revistas. Nenhum deles pensava, ainda, na possibilidade de a venda ser feita pela internet.

O foco do empresário estava nas lojas – eram três naquele momento – e no trabalho como decorador de eventos e casamentos. Seu faro, entretanto, sentia que os ventos estavam mudando de rumo.

Nova economia

Em 2000, quando Clóvis celebrava os dez anos de sua floricultura, uma pesquisa feita pelo Ibope mostrava que ao menos 14 milhões dos 169 milhões de brasileiros tinham acesso à internet. Os números surpreendiam os pesquisadores: 5 milhões se conectavam à internet a cada 24 horas. Oito horas por mês era a média de tempo em que os brasileiros ficavam conectados. A internet era a grande revolução que impactaria para sempre a vida das pessoas. E casava direitinho com o termo da moda naquele momento: globalização.

O mundo se encontrava em uma tela de cristal ligada a um teclado e acionada por um cabo. A internet encurtava distâncias, acelerava contatos e popularizava o que antes era luxo de nichos.

Com ela surgia a chamada Nova Economia. Todo mundo só queria saber das empresas *pontocom* e dos jovens bilionários que surgiam com elas. Ao lado de poderosos fabricantes de computadores e softwares, como Michael Dell, da Dell, e Bill Gates, da Microsoft, grandes responsáveis pela popularização dos *personal computers* (PC), surgiam figuras que apostaram no potencial da internet. Em comum, todos eram muito jovens e se deram muito bem. Jerry Yang tinha 26 anos quando criou o Yahoo!. Jeff Bezos tinha 29 quando lançou a Amazon.com, considerado até hoje um dos maiores negócios on-line do mundo (leia sobre o Yahoo! e a Amazon.com no Capítulo 4). Investidores rapidamente se voltaram para *nerds* como eles, com potencial de fazer uma ideia gerar lucros com até dez dígitos.

Exemplos como os dos americanos geraram tanta euforia que todo mundo queria o mesmo: ficar milionário, quiçá bilionário, vendendo algum produto, serviço ou ideia no mundo virtual. O problema é que a internet daquele momento, discada, ainda era falível, lenta e muito cara. As tecnologias de pagamento eram pouco confiáveis e, em um país em desenvolvimento como o Brasil, poucos tinham acesso a esse mercado: apenas 10% dos brasileiros que estavam conectados faziam compras pelo computador em 2001, informava o jornal *O Estado de S. Paulo* em outubro daquele ano. Na mesma pesquisa, 12% dos entrevistados diziam ter rejeição total às compras pela internet, sendo o maior problema a falta de segurança. Como o universo de pessoas on-line não chegava a um quarto da população, pode-se afirmar que a imensa maioria dos brasileiros nem sequer sabia que era possível fazer compras pela internet.

A sede ao pote era muito maior que a água que tinha dentro dele. E a bolha da internet, que vinha crescendo a cada ano desde que a rede tinha surgido em 1995, no Brasil, estourou.

Hora certa

A bolha estourou primeiro nos Estados Unidos. O marco foi quando a Nasdaq, bolsa de ações em que as empresas de internet negociavam seus papéis, começou a cair em março de 2000. A quebradeira foi geral, e muitos negócios se provaram insustentáveis. O efeito não demorou a chegar ao Brasil e, ao longo dos dois anos seguintes, muita gente que tinha sido contratada a peso de ouro para trabalhar nas *pontocom* foi parar no olho da rua.

Os principais artigos que os (poucos) brasileiros que tinham acesso à internet compravam naqueles tempos eram CDs, DVDs e livros, seguidos de eletroeletrônicos. Flores nem sequer apareciam nos rankings.

Nada parecia favorável para uma microempresa desconhecida do ABC paulista, com menos de dez funcionários, partir para o mundo virtual.

Assim como em 1990, quando Clóvis não tinha conhecimento da crise econômica gerada pelo presidente Collor, a bolha da internet e a consequente quebra das bolsas de valores não ocupavam as manchetes do seu dia a dia. O que o pequeno empresário queria era aumentar seu canal de vendas, ampliar seu cadastro, fazer sua marca ser conhecida por mais pessoas. Com vinte anos de experiência com flores e dez como empresário, seguir a trilha para onde todos estavam migrando era um caminho natural.

Um passo pequeno, se comparado aos grandes cases de internet que chacoalharam o mundo entre o fim da década de 1990 e começo dos anos 2000, mas gigantesco para quem, dez anos antes, queria apenas ter uma vistosa loja de flores no centro de sua cidade.

Clóvis dificilmente seria um milionário da internet antes dos 30 anos. Até porque ele já tinha essa idade e mal entendia de tecnologia. Seu crescimento ano a ano, no entanto, era sólido. Já tinha comprado a casa para a mãe e tirado a família da situação instável. Estava pagando, em dolorosas prestações, um terreno na frente da sua loja. Não sabia ainda como iria usar aquele espaço, mas sabia que ia expandir seus domínios muito em breve. Sua loja já era a mais conhecida de São Caetano do Sul. Ele podia não entender de internet, mas sabia como poucos vender um artigo considerado supérfluo, perecível e ainda muito restrito ao universo feminino.

Novamente, como havia acontecido dez anos antes, ele não tinha nada a perder.

E assim, em 2000, enquanto milhares de empresas *pontocom* quebravam no Brasil e no mundo, nascia a www.giulianaflores.com.br.

Capítulo 4
Os titãs da web

Yahoo!, Google e Amazon.com

Por trás de um grande empreendedor sempre há outros tantos empreendedores. Muitos negócios da internet no Brasil só foram possíveis porque, antes, outros deram passos largos. De todos os nomes fortes que surgiram na web antes de Clóvis abrir seu espaço virtual, três marcas podem ser destacadas como as mais importantes. Juntas, Yahoo!, Google e Amazon.com formam a tríade das empresas mais poderosas da primeira safra da internet, nos anos 1990. Não fosse o pioneirismo de seus fundadores, possivelmente a história de Clóvis e de outros milhares de pequenos e médios comerciantes de todo o mundo teria tomado um rumo diferente na esfera on-line.

O Yahoo! foi pioneiro naquilo que o Google depois o superaria como nenhum outro, como um organizador e localizador de páginas da rede. A história do começo da empresa, em 1994, se repetiria diversas vezes a partir dali: jovens universitários americanos que descobrem a galinha dos ovos de ouro ao criar uma ferramenta para atender a suas próprias necessidades. Os engenheiros David Filo e Jerry Yang eram doutorandos na Universidade de Stanford quando imaginaram um sistema de catalogação das páginas que, até então, existiam soltas na internet. Era uma forma de facilitar a pesquisa, algo de que eles mesmos sentiam falta como estudantes. Fazendo um paralelo com o mundo real, foi o mesmo trabalho feito pelas enciclopédias, congregando centenas de informações num só lugar.

Naquele mesmo ano de 1994, a dupla percebeu que o guia de internet criado por eles tinha seu valor: em poucos meses chegou a 1 milhão de acessos. No ano seguinte, o grupo de investimento Sequoia Capital fez o aporte inicial de US$ 2 milhões e, dali em diante, o buscador cresceu e se consolidou como um dos maiores negócios da década. Em uma matéria feita em março de 2000 sobre o grupo, que já valia US$ 100 bilhões, a revista *Veja* cravou: "Mais do que uma empresa de sucesso na internet, a Yahoo!, criada por Yang e por seu sócio David Filo, tornou-se uma espécie de rito de passagem para a nova economia".

Jerry Yang, nascido em Taiwan como Chian-Yuan e naturalizado americano, logo virou uma celebridade do ramo: bilionário antes dos 40, foi considerado uma das pessoas mais influentes da web, segundo a publicação *Business Week*. O Yahoo! Brasil foi criado em 1999, em pleno momento de ascensão do grupo. Na década de 2000, sua principal função, a de buscador, começou a perder terreno para o Google. Na década seguinte, perderia também receita publicitária para o principal concorrente – e para o peso pesado que chegou devorando tudo pela frente tal qual um *pac-man*, o Facebook, criado em 2004, dez anos depois do Yahoo!.

Ao contrário de outras empreitadas que já foram varridas do mapa, o portal seguia firme no início da década de 2010 – jurássico, mas ainda grande. Prestes a completar vinte anos, o grupo contratou uma ex--executiva do Google, Marissa Meyer, como CEO, para tentar reverter as perdas de usuários e visitas. Em 2012, com 12 mil funcionários, o grande site ainda atendia, em média, 700 milhões de pessoas ao mês no mundo todo.

Curiosidade: existem muitas explicações para o nome Yahoo!. Os próprios criadores têm as suas preferidas. Uma seria a sigla de *Yet another hierarchical officious oracle* ("mais um oráculo hierárquico não oficial"). A outra é do próprio significado da palavra: rude ou pouco sofisticado, sentido dado pelo escritor Jonathan Swift em seu clássico *Viagens de Gulliver*. Tanto uma quanto a outra dão a entender que Filo e Yang, de início, não levavam muito a sério a sua criação de estudantes.

A vida após o Google

Na disputa pelas maiores invenções da era on-line, é inegável que o Google é a maior delas. Já há quem fale em história da humanidade Antes do Google (AG) e Depois do Google (DG). E não é exagero.

A empresa criada em 1998 por dois colegas da Universidade de Stanford, Larry Page e Sergey Brin, é uma das mais inventivas, dinâmicas e antenadas com as tendências de cada ano, semestre, bimestre, mês. De um buscador eficiente como ponto de partida, o grupo tem hoje uma gama de serviços que é impossível alguém que use um computador ou dispositivo móvel não fazer proveito de algum deles em algum momento.

O sistema de busca por si próprio criou uma "googledependência" nas pessoas. Com ele, em poucos anos os outros buscadores se tornaram obsoletos, já que a novidade era a mais ágil e confiável. A criação de Page e Brin impactou todos os padrões de comportamento. Dificilmente um aluno de escola ou um turista em busca de informações deixam de dar uma checada – ou uma "googada", como se apelidou no Brasil – antes de fazer um trabalho ou de sair de casa.

Checar informações, pesquisar locais, preços, procurar notícias antigas, corrigir palavras e fuçar o que quer que seja. Tudo é possível nos buscadores. E conforme a velocidade de processamento de dados da internet foi crescendo, mais rápidas se tornaram essas buscas.

A evolução desses sistemas é também a evolução da presença dos produtos e serviços do e-commerce na rede. Com a criação dos links patrocinados, uma de suas primeiras fontes de renda, o Google passou a faturar ainda mais com a briga entre as marcas para aparecer entre os primeiros lugares de uma busca.

Desde 1998, quando lançou oficialmente o mecanismo que tinha sido esboçado dois anos antes, até 2012, quando completou 14 anos, o Google passou a oferecer também serviço de e-mail (Gmail), serviço de mapas e localização (Google Maps e Earth), navegador próprio (Google Chrome), redes sociais (Orkut e, depois, Google+), comunicador instantâneo (Gtalk), publicador de blogs (Blogger), entre outros. A lista é imensa e dinâmica. O que não é criado dentro das dependências da empresa, apelidada de Googleplex, em Mountain

View, Califórnia, é rapidamente comprado por eles – caso do YouTube, o mais eficiente publicador de vídeos, adquirido em 2006.

A melhor ferramenta para quem estava querendo anunciar na internet, mas nem sabia por onde começar, foi o AdWords, lançado em 2000. Trata-se de um sistema de criação e publicação de campanhas publicitárias que permite que qualquer empresa tenha seus anúncios publicados no Google toda vez que a palavra-chave usada nele for solicitada. O pagamento é feito por clique. Cada vez que o internauta clicar no anúncio, o dono dele paga um valor predefinido ao Google. Com a plataforma, pequenos empreendedores puderam, pela primeira vez, jogar ao lado de grandes artilheiros no mundo dos anúncios. Algo que seria impensável fora do mundo virtual. Para a turma do e-commerce, o AdWords virou uma ferramenta essencial.

Page e Brin começaram de fato as operações da então pequena empresa quando receberam um aporte de US$ 100 mil de um dos sócios da companhia Sun Microsystems, em 1998. Dois anos depois, o Google – um trocadilho com a palavra Googol, termo matemático para o número 1 seguido de cem zeros – já fazia parte da vida das pessoas do mundo todo. E ameaçava a concorrência. Não demorou muito para o negócio atrair novos investidores. Entre eles, o mesmo Sequoia Capital que já tinha investido no Yahoo! e que, depois, chegou a investir em grupos brasileiros.

Em outubro de 2012, o Google ultrapassou pela primeira vez a Microsoft em valor de mercado nas bolsas americanas, chegando a US$ 249,2 bilhões. A empresa colorida, divertida, ousada e com o frescor de seus 14 anos só perdia para a poderosa Apple, de Steve Jobs.

No início da década de 2000, enquanto o Google dava seus primeiros passos, Juliano acompanhava de perto essa caminhada. Foi ele quem tratou de se inteirar das possibilidades que a empresa americana oferecia para o pequeno negócio de seu irmão. Ainda demoraria uns bons anos até desembolsarem mais de R$ 100 mil somente em publicidade no Google, a principal mídia da empresa e de quase todos os negócios de e-commerce do mundo, mas cada novidade era levada para dentro dos domínios da giuliana.com.

Em 2012, 40% das vendas do grupo Giuliana Flores vinham dos cliques no maior buscador da internet. Além disso, o Google já representava um dos principais investimentos da empresa. Além dos anúncios na rede de busca, a mais tradicional, a empresa de Clóvis faz parte da Rede de Display do Google, um mecanismo que permite a compra de anúncios em tempo real, por meio de leilão. Com dois milhões de sites parceiros, trata-se da maior rede de anúncios do mundo. A presença maciça da empresa americana no Brasil, com escritório local, tornou mais fácil a vida dos empresários.com brasileiros. O bom relacionamento de Clóvis e Juliano com os representantes da filial brasileira do Google foi, e segue sendo, fundamental para a evolução dos negócios.

Uma empreitada amazônica

Jeff é um gênio. Quando o *Wall Street Journal* o classificou assim em maio de 1996, na primeira página, não imaginava quão grande ele ainda seria, mas apostou certo. O criador do maior ícone de comércio eletrônico do mundo, a Amazon.com, foi genial desde o primeiro momento, quando abandonou um emprego em Wall Street para apostar em um canal de vendas pela internet. Vinte anos depois, mesmo após enxurradas de grandes casos de sucesso em seu meio, ele continuava sendo louvado, admirado e imitado.

O que faz esse americano – sempre eles – ser tão incrível? Para começo de conversa, Jeffrey P. Bezos, natural do Novo México, formado em ciência da computação na Universidade de Princeton, foi ligeiro ao perceber o universo de possibilidades que a internet prometia no começo dos anos 1990. Farejou que o comércio ali tinha espaço – principalmente nos Estados Unidos, onde o consumidor sempre teve o hábito de comprar pelo correio, por meio de catálogos.

Em segundo lugar, estudou o mercado e percebeu o potencial que tinham os livros. Juntando A mais B mais C, ele se deu conta de que os americanos só não compravam livros pelo correio porque seria inviável existir um catálogo que contivesse tantos títulos. É aí que entra a internet e sua infinita capacidade de armazenar dados – e ainda exibi-los durante 24 horas por dia. Por fim, para um negócio grandioso, um nome portentoso: Amazon é o nome do Rio Amazonas em inglês, gigante pela própria natureza.

Enquanto as livrarias tradicionais, de rua, abriam suas portas oferecendo entre 200 e 300 mil títulos, ele deu o *start* à sua livraria on-line com um milhão de títulos. Era só o começo; seu projeto era disponibilizar prateleiras infinitas. Sua ousadia também esteve presente na forma de financiar e divulgar o negócio. Primeiro ele passou o chapéu entre amigos e investidores para juntar uma quantia inicial de US$ 1 milhão. Com o site no ar e sem dinheiro para a divulgação, ele acionou 300 amigos e conhecidos para testar sua criação. Se gostassem, deveriam indicar para outros amigos. O resultado veio rápido. No primeiro mês, ele mandou encomenda para 50 estados americanos e 45 países.

Gigante também foi a paciência do empreendedor. Nos primeiros anos, a livraria apresentava uma receita fantástica, mas não lucrava. Somente em 2003, quase dez anos depois, é que ela foi para o azul. Em 1999, cansado de operar no prejuízo, Jeff promoveu uma grande reestruturação em suas operações. Reduziu o número de centros de distribuição, demitiu gente e passou a oferecer outros produtos, como CDs, DVDs, eletrônicos e presentes em geral.

Em 2007, mais um grande passo. A Amazon.com lançou o Kindle, um leitor de livros digitais que tem como seu maior concorrente o iPad da Apple. Oferecer o e-book – e o e-reader, um leitor do livro virtual – ajudou-a a se expandir e consolidar seus domínios. Embora venda de tudo, o livro, real ou virtual, continua sendo o coração de sua empresa, a razão pela qual ela é conhecida. Oferecer a maior quantidade de títulos, no maior número de línguas e em downloads cada vez mais rápidos – uma versão on-line digna da agilidade que ele conquistou com suas entregas físicas –, é sua grande missão. Ajudar as pessoas a lerem mais, costuma dizer Jeff em entrevistas, é uma forma de "tornar o mundo um lugar melhor".

Ironicamente, o nome brasileiríssimo não ajudou a abrir portas por aqui. No começo da década de 2010, a empresa de Jeff ainda tinha um grande desafio pela frente: conseguir operar no Brasil. Com uma forte resistência das editoras e livrarias brasileiras, o projeto só viria a tomar forma em 2013. Uma das razões era justamente sua postura agressiva com preços. Para oferecer ofertas aos seus clientes, a Amazon.com costuma exigir grandes descontos de seus fornecedores.

Em 2012, a e-bit, empresa de monitoramento do comércio eletrônico, fez um levantamento sobre a chegada da toda poderosa ao país em seu relatório semestral, o Webshoppers. Do total de entrevistados (mais de 3 mil pessoas), 48% disseram que certamente iriam comprar na Amazon.com Brasil. Entre eles, a expectativa era a de que o grupo trouxesse mais diversidade de produtos e inovação aos consumidores brasileiros. Enquanto não aportava por aqui, o grupo contava com 56 mil funcionários e 170 milhões de clientes cadastrados. O e-commerce mais idolatrado do mundo tinha se tornado uma imensa plataforma com várias lojas agregadas e continuava inspirando outros negócios.

No Brasil, um dos modelos mais replicados foi o chamado *marketplace*, quando uma loja virtual tem um link dentro do portal de outra loja virtual. Uma parceria que faz com que a primeira amplie seus canais de venda enquanto a segunda aumenta seu portfólio de produtos. Ao incorporar em seu site diversos e-commerces menores, a Amazon.com passou a vender outros itens além de livros, sem ter que aumentar o estoque ou se preocupar com a venda efetiva desses produtos (pagamento e envio). A Giuliana Flores foi a primeira a adotar esse tipo de parceria estratégica dentro de seu segmento (leia mais sobre o assunto no Capítulo 9).

Enquanto isso, no Brasil

Pouca coisa aconteceu por aqui em termos de e-commerce na década de 1990. Com conexão lenta, baixa adesão ao mundo virtual e redes pouco seguras de pagamento, eram raros os que se arriscavam a fazer vendas pela internet. Dentro desse panorama, um dos cases mais destacados que surgiram no final da década tem menos a ver com vendas propriamente dito e mais com as múltiplas possibilidades que a internet proporcionou para o comércio. O Buscapé, criado em 1998 e lançado oficialmente em 1999, é um comparador de preços. Nenhuma venda de produto é efetivada dentro do site, mas milhares de transações são feitas por causa dele.

Como quase toda grande invenção, ele foi idealizado a partir de uma necessidade pessoal. Romero Rodrigues, um dos sócios, queria comprar uma impressora e não conseguia achar os preços dos produtos na rede. Deu o clique. Ainda estudante universitário de Engenharia da Universidade de São Paulo (USP), ele e mais três amigos se dedicaram a criar um bom software que reunisse informações de diversas lojas. O ponto de partida foi o computador dado de presente pelo pai de Romero e mais R$ 4.800,00 – todo o capital de que os estudantes podiam disponibilizar. O primeiro nome pensado para o projeto foi QuantoCusta, mais apropriado. Mas como esse nome já estava registrado e, portanto, indisponível, os sócios tiveram que pensar em algo completamente diferente.

Eles começaram com 35 empresas cadastradas e 25 mil usuários. Doze anos depois, já havia 65 milhões de usuários e mais de 500 mil lojas à disposição do cliente. O modelo de negócio previa uma navegação completamente gratuita; o faturamento viria da quantidade de cliques de cada loja cadastrada e da conversão em compras. Foi difícil convencer os lojistas a entrar no esquema em um primeiro momento. Por outro lado, não foi difícil convencer os usuários. Havia demanda para aquela novidade, e rapidamente o site passou a ser acessado por mais e mais brasileiros. Em 1999, eles receberam o primeiro aporte significativo de um investidor: US$ 150 mil. Pouco depois, mais US$ 3 milhões do grupo Merrill Lynch e do Unibanco. No início da década de 2000, os sócios expandiram o negócio para a América Latina. Em 2005, a empresa comprou outro comparador de preços nacional, o Bondfaro e, quatro anos depois, o Buscapé foi vendido para o grupo sul-africano Naspers por US$ 342 milhões.

Contemporâneo do Buscapé, o Mercado Livre, do argentino Marcos Galperin (Mercado Libre), surgiu como um grande classificador on-line. Embora de origem argentina, foi no Brasil, segundo país onde foi lançado, que ele se consolidou e ganhou fama. É o mais conhecido site de tudo quanto é produto que o internauta deseja comprar ou anunciar, tendo inspirado outros similares. Como o Buscapé, a empresa apostou em um modelo prático de e-commerce, já que, por não vender produtos, não precisa se preocupar com a questão do estoque e da logística de entregas.

Conforme praticava o e-commerce no dia a dia, Clóvis ia se inteirando da história desses grandes nomes e, com cada um deles, aprendendo mais um pouco. No entanto, não eram apenas os ícones do mundo on-line que o inspiraram ao longo de sua trajetória. O apresentador Silvio Santos, o empresário Eike Batista e o publicitário Washington Olivetto são outras referências que ele toma como modelo. Para Clóvis, eles são os melhores exemplos de "homens de sucesso": empresários que acreditaram em uma ideia, correram atrás dela e, notoriamente, chegaram lá.

Capítulo 5
Pontocom

Flores por todos os lados

O site da Giuliana Flores estava pronto. E, novidade, dava até para fazer pedidos por e-mail. Só que a página era tão feia que mais espantava a clientela do que atraía novos consumidores. Feito em flash, era estático e sem muitos recursos. Era mais um informe de que a floricultura também existia no mundo virtual. Rapidamente os irmãos Clóvis e Juliano deram um jeito e contrataram uma empresa que fazia site*s* de forma mais profissional. Com o novo *template* e sistema, já era possível fazer uma compra on-line: a pessoa escolhia o produto, se cadastrava e enviava o número do cartão de crédito. Do outro lado, alguém da Giuliana pegava o número do cartão, discava na maquininha e completava a operação. Ao final, era preciso telefonar para o cliente e confirmar a compra. Também era possível fazer o pagamento via depósito, o que levava um pouco mais de tempo. Um processo quase todo on-line.

Graças ao endereço eletrônico, aconteceu o que Clóvis esperava: pedidos para fazer entregas fora de São Paulo. Como fariam para entregar, eles ainda não sabiam. A solução imediata foi estabelecer parcerias com floriculturas das outras cidades. Se a entrega era para o Rio de Janeiro, por exemplo, eles entravam em contato com algum florista da cidade que resolvia a questão fazendo o arranjo e entregando no endereço – método adotado por algumas floriculturas virtuais americanas. Conforme os pedidos foram aumentando, foi preciso melhorar a logística. Os irmãos bateram à porta dos Correios e ouviram uma sonora gargalhada seguida de "não fazemos". Só restava saber o que a concorrência estava fazendo nesse sentido – algo que Juliano, no auge dos seus 16 anos, nem sabia que se chamava "benchmarking".

A concorrência contratava empresas específicas de logística. E a única que se colocava à disposição para fazer esse tipo de entrega era a DHL, gigante do setor. Com a empresa de origem alemã, os dois aprenderam quase tudo sobre entregas. O primeiro choque de realidade foi descobrir que nem todo produto que existia na loja e nos catálogos podia ser entregue fora da cidade. Arranjos muito altos e volumosos aumentavam demais o frete, o que encarecia a compra e logo eram descartados pelo cliente. Aos poucos, Clóvis começou a entender que era preciso criar arranjos especialmente produzidos para as entregas distantes.

Os buquês foram sendo reduzidos até se chegar a um custo-benefício de frete favorável ao cliente. Flores com menos volume, como as minirrosas, e montagens minimalistas, como uma solitária gérbera dentro de um pequeno e estreito vaso, foram substituindo os arranjos volumosos da floricultura física. Os produtos de web se tornaram mais elegantes e incrementados com outros itens além de flores. As embalagens de papelão e as proteções de plástico usadas dentro das caixas também foram sendo testadas até chegar ao modelo ideal, que é o atual: cada pedido sai todo permeado de plástico bolha. Logo eles viram que enviar uma flor, definitivamente, não era a mesma coisa que entregar um livro ou uma roupa.

O problema é que a DHL não entregava em todos os lugares do Brasil. E os pedidos de cidades cada vez mais variadas foram pipocando na tela do único computador da empresa conectado à internet. Os outros dois serviam apenas às questões administrativas. Outras empresas similares à DHL entraram no mercado e se tornaram uma alternativa para Clóvis conforme os pedidos cresciam.

Com elas, ele aprendeu também a ter um retorno adequado da entrega. A logística foi sendo trabalhada ano a ano até chegar a um padrão adequado para o volume de entregas. Quando atingiu mil pedidos ao dia, seis empresas realizavam o serviço, sendo três em São Paulo, o maior mercado, e três fora. Isso sem contar os Correios, que um dia acabaram cedendo aos apelos do empresário. Como a empresa brasileira de entregas está em todo o país, as flores de Clóvis chegam a todos os municípios.

Giuliana por todas as partes

Nos primórdios da vida on-line, Clóvis ainda colocava boa parte de sua energia nas lojas físicas. No tempo que sobrava, xeretava a internet. E onde tinha novidade, ele queria estar. Principalmente se a concorrência chegava à frente. Algumas floriculturas on-line já estavam anunciando nos portais, cada vez mais frequentados pelos brasileiros. O internauta estava lendo um texto quando via um banner escrito "flores" em uma barra lateral. Ao clicar, ele era direcionado para o site de vendas. Era, definitivamente, o caminho mais curto entre o leitor e o vendedor.

Juliano começou a ir atrás dos representantes desses portais. Mandava e-mails para o "entre em contato" e jamais recebia resposta. Dificilmente um site desses tinha número de telefone visível na página. Bateu à porta de grandes, como o UOL e o iG, e de outros nem tão conhecidos. Quando finalmente conseguiu marcar uma reunião com os diretores de um desses grupos, um entre tantos que já sumiram do mapa, ouviu que a Giuliana Flores precisaria desembolsar uma quantia significativa para publicar um anúncio. O valor era algo em torno de R$ 2 mil, uma verba que a empresa não tinha para esse tipo de ação. Para ter uma ideia, na criação do site Clóvis tinha investido menos da metade do valor. Com a necessidade de aprimorar suas ferramentas de web e com a equipe crescendo, gastar com anúncio ou qualquer coisa do gênero estava fora de cogitação. Os irmãos saíram surpresos e desanimados da reunião.

Um ano depois, conseguiram entrar no UOL. Aos poucos, eles perceberam que existia uma grande margem para negociações e permutas, como trocar os produtos da casa por um anúncio. O mercado de anúncios on-line ainda era novo e cabia muita experimentação.

Clóvis pensava em uma estratégia para fazer a Giuliana ser conhecida por mais pessoas sem ter de gastar um centavo em anúncios.

A primeira parceria

Andreia Oliveira já conhecia a família Souza de outros tempos, aqueles difíceis. Trabalhou com Maria Rita na escolinha da prefeitura. Quando a loja de Clóvis começou a crescer, ela chegou a ser contratada como vendedora durante um período. Quando o site foi criado e Juliano já não dava conta de tanta tarefa ao lado do irmão, Andreia foi novamente lembrada pela família. Virou secretária e mais uma faz-tudo da empresa. Atendia telefone, servia café, fazia faxina e resolvia qualquer pedido do chefe. Aos 35 anos, Andreia ainda não tinha encontrado uma carreira para chamar de sua. E, vendo o empreendimento em plena ebulição, garantiu ao patrão: "Ensine-me a fazer porque eu gosto de aprender".

Muitas vezes ela realmente não sabia nem por onde começar um serviço, mas jamais dizia que não sabia – e era exatamente esse o perfil que o empresário em ascensão queria ao seu lado. Andreia é prata da casa. Virou gerente de parcerias e vendas corporativas por puro mérito. Sem formação na área nem experiência pregressa, cresceu com Clóvis, que, por sua vez, nunca vai se esquecer do grande feito de sua funcionária.

O ano era 2002, e as vendas pela internet já tinham se tornado uma realidade na Giuliana Flores. Um dia, Clóvis apareceu todo animado com uma fatura de cartão de crédito nas mãos e mostrou para Andreia, dizendo: "Eu quero isso!". Ela olhou e viu que o "isso" era um encarte da franquia China in Box com um desconto de 20% para os clientes daquela bandeira de cartão. Clóvis olhou nos olhos de Andreia e lançou o desafio: colocar a Giuliana Flores no mesmo envelope da fatura do cartão de crédito de milhares de brasileiros.

Tudo que Andreia tinha à sua frente era um telefone. Sem internet para fazer pesquisa e apenas com o número de telefone disponibilizado na fatura do cartão, ela começou a ligar. De número em número, chegou à central de cartões de crédito do Bradesco, até, finalmente, falar com a secretária do diretor responsável por aquelas faturas. Foi essa funcionária que lhe ensinou o que era necessário fazer para estar ali na fatura. E pediu a Andreia que enviasse o pedido por e-mail.

O problema era que, mesmo sendo uma empresa de comércio eletrônico, só existia um computador com acesso à rede naquela pequena equipe. E ele estava sempre ocupado, com Juliano resolvendo outras tantas tarefas ligadas às vendas dos produtos. A secretária faz-tudo tanto insistiu com Juliano que finalmente mandou o e-mail para o Bradesco. No dia 31 de julho daquele mesmo ano, saiu o primeiro encarte promocional da Giuliana Flores nos cartões de crédito do banco. O retorno foi imediato. Os pedidos começaram a aumentar.

Primeira ação feita com o Bradesco

A ação também foi positiva para o Bradesco, que procurou Andreia para fazer mais encartes em datas especiais e, até hoje, continua solicitando as promoções de Giuliana em suas faturas.

Depois do Bradesco, vieram outros bancos: HSBC, Itaú, Santander, e empresas como Comgás, Saraiva, VR e Sem Parar. A parceria do Bradesco, porém, é simbólica. Foi o que permitiu à pequena empresa de São Caetano do Sul chegar à casa de gente de todo o país. Andreia ficou craque no negócio, e as estratégias com os parceiros foram ficando cada vez mais sofisticadas. Os clientes dos bancos começaram a ganhar mimos, como colares, bombons, bebidas e outros produtos oferecidos pela Giuliana Flores, graças a outro tipo de parceria que também começou a ser cultivada nessa mesma época.

Quando vendiam um buquê de rosas com chocolate, esse chocolate era comprado em supermercado. Após a criação do site, o procedimento continuou o mesmo: a equipe de Clóvis ia até o mercado comprar chocolates e bebidas para montar os kits solicitados via internet. Era um método amador demais para quem não parava de crescer. Seria preciso eliminar o intermediário e ir direto à fonte para melhorar o preço de compra e aumentar a quantidade de itens no estoque. Como chocolate sempre foi o produto com mais saída, Clóvis foi atrás de uma marca conhecida. Colocou Andreia dentro do carro e, juntos, subiram a serra até Campos do Jordão para conversar com os representantes da marca Montanhês. Fecharam o acordo e o produto logo caiu no gosto da clientela. Depois disso, Clóvis e Andreia começaram a correr atrás de outros fornecedores de grandes marcas.

Quanto mais conhecida era a grife que ele colocava em seus kits, mais credibilidade a empresa ganhava e o nome Giuliana se fortalecia. Ao longo da década, nomes como Kopenhagen, Amor aos Pedaços, Havana, Salton, Chandon, entre outros, foram sendo incorporados ao menu de opções da floricultura. Em 2012, quando fecharam com o Boticário, já não eram mais eles que corriam atrás das marcas, mas elas é que vinham se oferecer para a empresa. Mesmo consolidados e em primeiro lugar na venda de flores no país, cada nova parceria é celebrada como se fosse uma das primeiras, como as do Bradesco e do chocolate Montanhês.

Novas plataformas

As ferramentas do site iam melhorando cada vez que Clóvis percebia que outras empresas tinham tecnologia mais avançada. Se existia uma solução melhor, era essa que ele buscava. Nesse tempo, a grande loja da Rua Monte Alegre já caminhava com as próprias pernas. Michele, aos 21 anos, coordenava o espaço e deixava Clóvis tranquilo para se dedicar à loja virtual. Maria Rita seguia nas Cestas Michelli, empresa que pouco tempo depois foi fechada e passou a ser apenas virtual.

A parceria com o Bradesco foi um divisor de águas na história da empresa. Foi essa parceria que convenceu Clóvis de que a internet era muito mais que um canal extra de venda – era para ser o principal. Era o seu futuro. Já não dava mais para misturar as duas áreas, loja e site, por isso era preciso criar um espaço exclusivo para toda a equipe da *pontocom*. Um mezanino foi feito dentro da loja e as dez pessoas, incluindo o dono da empresa, seu irmão, tia Fátima e as atendentes de telefone, se espremeram em um espaço exíguo. Todas as mesas juntinhas e apenas o velho e bom computador de Juliano operando conectado à rede.

Com mais pessoas na equipe, era possível designar áreas específicas para cada funcionário. Juliano começou a dar mais atenção para o Google e para as múltiplas maneiras de fazer o nome da empresa estar sempre entre os primeiros resultados nas buscas orgânicas.

Também já não dava mais para ter cara de empresa pequena. O site ainda estava alocado em uma plataforma compartilhada, o que dava pouca margem para customização da página. Juliano não conseguia nem fazer banners de promoções. Estava na hora de migrar de plataforma.

Clóvis, sempre muito acelerado, queria mudanças imediatas. Ele ficava impaciente toda vez que ouvia que não podia fazer nada naquela estrutura de site. Era como ter uma loja física e não poder pintá-la, reformá-la ou decorá-la. A solução foi comprar uma plataforma só para ele. Custou muito mais do que poderiam desembolsar, mas era necessário, era o bilhete de acesso à liberdade. Para isso, mudaram de prestador de serviço e contrataram um especializado em e-commerce, a Vertis, que passou a administrar a página da Giuliana Flores.

Toda vez que eles se associavam, viravam parceiros ou clientes de outra empresa, Clóvis e Juliano aprendiam mais e mais sobre o próprio negócio. Não foi diferente com a Vertis.

Anos depois, eles perceberam que ter uma plataforma própria também já não bastava. Era preciso estar em um Data Center. Cresceram tanto que dividir um servidor com outros sites podia derrubá-los a qualquer momento. E atendendo a uma média de cem pedidos por dia – conforme ele tinha sonhado, anos atrás, com a tia Fátima –, eles não podiam correr esse risco.

Capítulo 6
O marqueteiro

A alma do negócio

Se há um dinheiro que Clóvis gasta com gosto é o montante investido em propaganda. De todas as suas qualidades desenvolvidas, de maneira autodidata, ao longo de duas décadas como empresário, a de marqueteiro é uma de suas preferidas. Adora ver o nome GIULIANA, em letras garrafais, estampado em um painel na cidade ou dentro de um grande portal de e-commerce. É como se estivesse lendo o seu próprio nome e revendo, em cada sílaba, a construção gradual de seu feito: G-I-U-L-I-A-N-A. E, para isso, não poupa esforços.

O empresário está o tempo todo pensando em maneiras e caminhos diferentes de fazer mais e mais brasileiros conhecerem sua marca. Por onde olha, ele pensa: como eu poderia aparecer aqui? Além dos 10% do faturamento que ele investe mensalmente em marketing, Clóvis separa 50% de seu lucro para reinvestir em divulgação.

O departamento de marketing, com 12 pessoas, é dividido em três áreas: a de ações promocionais, com as parcerias conquistadas por Andreia; mídia externa paga, coordenada por Juliano; e mídia interna, que são as ações desenvolvidas no próprio site e complementadas pelo mailing com 1 milhão de clientes cadastrados. O e-mail marketing, que muita gente manda direto para a lixeira, é ainda um instrumento poderoso de venda. Faz o cliente lembrar com frequência que flor é uma boa opção de presente.

Para não ficar maçante, a equipe responsável capricha no texto que vai com o link. Dicas de como cuidar de flor, o tipo que combina mais com cada época do ano e curiosidades sobre as datas especiais são alguns dos temas dos e-mails disparados até três vezes por semana.

A mídia interna fica sob a responsabilidade de Daniely de Oliveira, sobrinha de Andreia, que chegou com apenas 17 anos na empresa trabalhando como suporte telefônico. Daniely está sempre atenta ao que chama mais a atenção dos clientes na página da Giuliana e na concorrência. É ela (e o Clóvis) o cérebro por trás do site dinâmico da empresa – pode mudar tudo em menos de uma hora se uma estratégia não surtir efeito rápido. Para isso, conta com três web designers para mexer em banners e nas chamadas de cada dia. É ela também quem cuida das parcerias com outras marcas (aquelas de chocolates, bebidas e afins). Batalha produtos exclusivos e trabalha o bom relacionamento com os fornecedores.

Seu estilo de trabalhar, agilizado e entusiasmado, é afinado ao do patrão. Conhece como poucos os processos do seu setor. Até porque, quando chegou à empresa ainda adolescente, não existia ainda o conceito de departamento de marketing. A divisão descrita anteriormente só ocorreu em 2008.

A profissionalização do marketing demorou a acontecer. Mas, quando aconteceu, Clóvis não poupou esforços para tornar sua equipe ainda mais expert no assunto: ajuda a pagar a faculdade dos funcionários e investe em cursos de especialização em marketing para varejo.

A demora em criar um setor específico não se deu por descaso. Pelo contrário, marketing sempre foi sua paixão. A diferença é que, enquanto não teve verba para bancar os profissionais gabaritados, era ele mesmo e seu fiel escudeiro Juliano que buscavam as oportunidades para levar o nome da empresa mundo afora, fosse esse mundo virtual ou real.

A vitoriosa ação do encarte do Bradesco foi apenas um dos feitos decisivos da empresa. Outras iniciativas também foram cruciais para o crescimento da marca.

O primeiro painel

Dirigindo pela Avenida Bandeirantes, por onde ele sempre passa a caminho da Ceagesp, Clóvis viu um painel gigante com os dizeres:

ANUNCIE AQUI. Ficou imaginando aquele monte de motoristas, parados por causa do trânsito infernal da cidade, olhando para o nome de sua menina dos olhos. Tomou nota do telefone e entrou em contato com o dono do ponto. Do outro lado da linha estava Marcelo Veiga, empresário especializado em mídia externa. Ele gostou do que ouviu e sentiu uma energia muito boa da parte de Clóvis. Decidiu ir até a loja do cliente em potencial para fechar o negócio.

O empresário das flores estava nos primórdios da internet e ainda tinha nos catálogos seu principal meio de divulgação. O empresário dos cartazes já tinha experiência no ramo e sabia que se Clóvis anunciasse em um de seus outdoors, teria que estar pronto para um crescimento repentino. Chamou a atenção de Marcelo o fato de Giuliana não ser um nome exatamente fácil. Se comparado à concorrência de Clóvis na internet, era dos mais difíceis de ser encontrado. Trocar de nome àquela altura do campeonato estava totalmente fora de cogitação. Era mesmo um nome mais difícil que os outros, mas tinha trazido sorte e alegria ao seu dono. Não mexeria em time artilheiro. O jeito, estava decidido, era trabalhar cada vez mais seu institucional.

Marcelo viu o potencial de Clóvis e deu 30% de desconto no primeiro cartaz, que custava R$ 600. Ele queria provar ao vendedor de flores que aquele tipo de anúncio era muito promissor. Em sua estreia num outdoor, os motoristas estressados de São Paulo podiam ver uma linda mulher segurando um buquê de rosas vermelhas – a marca registrada da empresa até hoje – com os dizeres: "Compre flores pela internet".

O passo seguinte foi distribuir outros cartazes similares pelas rodovias Imigrantes e Anchieta, que ligam a capital ao litoral, e nas grandes avenidas da cidade. A Lei Cidade Limpa, criada em 2007 pelo então prefeito Gilberto Kassab, acabou com a alegria de Clóvis de ver o nome de sua empresa espalhado por São Paulo. Os cartazes continuam apenas nas estradas e no ABC paulista. Apesar de ter encontrado outras fórmulas para divulgar seu produto, em especial na própria internet, Clóvis não abre mão dos cartazes. Acha que é a melhor forma de se fazer conhecido.

O negócio de Marcelo praticamente acabou por causa da lei Cidade Limpa. Ficou entre os dois uma grande amizade e a profunda admiração dele pelo empresário de São Caetano – Marcelo foi até padrinho do casamento de Clóvis e Renata, em 2006.

Meu nome na lata do lixo?

Era uma proposta no mínimo esquisita: estampar um anúncio nas lixeiras de Congonhas, o maior aeroporto de voos domésticos do país. Todo mundo que passasse por ali veria a logomarca preta da Giuliana Flores, com a letra O pintada de vermelho, uma, duas, três, 360 vezes – essa era a quantidade total de lixeiras. Era o suficiente para martelar um nome na cabeça das pessoas. O preço também era atrativo. Com o dinheiro investido em um único outdoor, ele pagaria 180 pequenos anúncios. Mas tinha que ser no lixo? Não seria prejudicial associar uma marca a tudo que se joga fora?

Para tirar a dúvida, Clóvis reuniu sua animada equipe de marketing e a levou para tomar um café durante a tarde de um dia útil em Congonhas. Passaram mais de uma hora ali observando a relação das pessoas com as lixeiras. Perceberam que a imensa maioria não apenas as usava para sua finalidade óbvia, jogar lixo, mas também como um apoio para os notebooks, pastas e até pequenas malas. Era uma relação de proximidade e até intimidade com os cestos de lixo. Se ele já flertava de forma positiva com a ideia, saiu dali convencido. E sua equipe também. Posteriormente, a mesma ação foi feita no Aeroporto Internacional de Guarulhos, o maior da América Latina.

Os anúncios nos aeroportos não existem mais, mas até hoje chega gente na loja de São Caetano – hoje imensa e toda de vidro, conforme Clóvis tinha idealizado anos antes – e comenta com a gerente Michele: “Ah, são vocês a floricultura do aeroporto?”.

Flor no horário nobre

A mocinha está deprimida em casa, chateada por causa da briga que teve com o namorado galã. A campainha toca e um entregador surge por trás de um imenso pacote. Ela abre a caixa e tira de dentro dela um lindo buquê com minirrosas vermelhas, um espumante e uma caixa de bombons. E, claro, um pedido de desculpas seguido de uma rasgada declaração de amor. O semblante da bela muda, ela sorri, abraça as flores e a canção do par romântico começa a tocar de fundo. E o coração de milhões de telespectadores bate mais forte.

Parece cena de novela da Rede Globo. E é mesmo. Apesar de manjado, é um momento clássico na maior parte das tramas, seja ela das "seis", das "sete" ou das "nove". Todo empresário fica imaginando como sua marca poderia aparecer em uma cena dessas. Já pensou se na caixa recebida pela mocinha estivesse escrito Giuliana Flores? Clóvis pensou. E um dia chegou bem perto de transformar o sonho em realidade.

Uma gerente responsável por anúncios e merchandising da TV Globo entrou em contato com Juliano para falar sobre a possibilidade de aparecer na novela. O terceiro filho de dona Maria Rita teve de disfarçar o embaraço ao ouvir o valor dito pela gerente para aparecer por apenas alguns segundos de inserção na TV. Era cachê digno de estrela de primeiro escalão: R$ 800 mil. Quantia que só empresa de grande porte podia se dar ao luxo de gastar. Entre debochado e assustado, ligou para Clóvis para contar a novidade. E ficou ainda mais espantado com a resposta do irmão-patrão: "Maravilha. Vamos fechar!".

Juliano tinha certeza de que o irmão tinha endoidado de vez. Ele sabia bem que não tinham verba para aquele anúncio. E Clóvis prosseguiu: "É só a gente vender o prédio da empresa que já dá pra fechar!".

Piadinhas à parte, o contato foi excelente. A gerente da Rede Globo mostrou um menu de opções que se encaixava no bolso de uma empresa de médio porte como a deles. E, assim, a Giuliana Flores apareceu na TV, em praças específicas do interior de São Paulo, em Santos e na Globo Internacional. Com o slogan "Encurte a distância em um clique", o filme de 15 segundos exibido no exterior teve um excelente resultado. Logo na primeira semana após a estreia da propaganda, o número de acessos cresceu 250%. Brasileiros do mundo todo, saudosos de sua terra e de seus familiares e amigos, começaram a encomendar flor.

Para o momento em que estavam, meados dos anos 2000, a estratégia foi certeira e, talvez, até mais efetiva que aparecer durante alguns segundos no colo da mocinha da novela das oito. Não que o famoso "merchã" tenha saído dos planos de Clóvis. Tudo a seu tempo...

Depois da experiência, comerciais esporádicos em outras emissoras, como SBT, Record e Bandeirantes, também passaram a integrar a estratégia de publicidade da empresa, assim como os anúncios nas rádios paulistanas.

Cinema, jornal e redes sociais

Em sua missão de estar em todos os lugares, a equipe de marketing já criou parcerias para a divulgação de filmes (o cliente comprava flores e ganhava ingressos), de lançamento de produtos (distribuição de brindes com arranjos de flores) e, mais recentemente, passou a abusar do espaço nas redes sociais para fazer uma série de promoções, sorteios e lançamento de produtos.

Com 64,6 milhões de usuários no Brasil, no fim de 2012, o Facebook se consolidou no início da década de 2010 como a principal ferramenta de mídia social. Para o Dia dos Namorados de 2011, por exemplo, a Giuliana Flores lançou um aplicativo por meio do qual os internautas mandavam flores virtuais para seus amigos na então rede social mais usada do mundo. Ações como essas fazem crescer o número de fãs da página da empresa a cada mês – em dezembro de 2012 eram 300 mil. Um mês depois, esse número já tinha aumentado.

Clóvis foi muito ligeiro em entender a utilidade do Facebook e de outras redes sociais, como blogs e Twitter. Ele sabe que é mais um instrumento para a divulgação do nome do seu negócio. "Nosso foco não é gerar vendas, mas sim a confiança do público e fortalecer a marca", anuncia Juliano em suas entrevistas, quando perguntado sobre a utilidade do Facebook (leia mais sobre o uso estratégico dessa rede no Capítulo 7).

Outra decisão fundamental para a divulgação da empresa foi a contratação de sua primeira assessoria de imprensa, em 2005. Ser escolha certa dos editoriais de moda, de decoração e das matérias com dicas de presentes era o tipo de mídia espontânea que eles precisavam agregar à marca. Nas datas menos importantes, como Dia do Homem, Carnaval e Dia da Avó, a floricultura on-line consegue emplacar matérias diferenciadas ao divulgar kits pensados especificamente para as datas. Ganham pelo lado exótico da notícia.

Muitas vezes, uma ação que nem resulta em quantidade significativa de venda também chama a atenção dos jornalistas e vira uma nota pequena, porém valiosa, em algum veículo de grande circulação. Isso aconteceu, por exemplo, quando eles montaram um kit com o ursinho da Casa Hope, de assistência às crianças com câncer, anunciando que 10% do valor seria destinado à instituição.

Na Copa de 2010, a Giuliana Flores lançou não só um kit com a temática futebolística como criou um bolão. Quem acertou mais resultados levou o kit especial da Copa.

O clipping feito pelas assessorias também ajudou o empresário a detectar o que estava sendo dito sobre a concorrência. Em um primeiro momento, a Giuliana Flores foi pauta de jornais locais, como o *Diário do Grande ABC*, e de veículos do segmento de e-commerce e de flores. Aos poucos, saiu das páginas especializadas e da região de São Caetano para estampar revistas nacionais. Clóvis começou a aparecer na mídia para contar quem era o homem por trás da Giuliana. A história do menino que começou a vender flores no cemitério aos 10 anos e, aos 20, já era dono do próprio negócio, começou a ser conhecida entre os leitores de matérias sobre negócios, em especial sobre pequenas e médias empresas. Um case de sucesso, o que ajudou a aumentar a relevância de sua marca.

Foi preciso ele aparecer em uma entrevista na TV para o caçula da família, Jefferson, então um adolescente de 15 anos, se dar conta da importância do irmão mais velho. Ali, teve certeza, quis ser como ele. E começou a dar mais valor ao seu trabalho na linha de produção da empresa familiar.

Capítulo 7
Um novo marketing

A evolução dos banners

Como Clóvis e Juliano, muita gente teve de aprender na marra a entender a nova maneira de fazer marketing que a vida on-line exigia. Os parâmetros antigos de publicidade foram gradualmente sendo deixados para trás até que novos formatos fossem moldados. O internauta não era como o telespectador ou como o ouvinte das rádios. E esse novo comportamento demandava uma nova forma de se comunicar com o consumidor.

No início, era o banner. O mecanismo de anúncio foi a primeira e mais óbvia ferramenta para levar a propaganda clássica para a esfera virtual. O banner, que começou com um formato-padrão, quadrado, estático, era quase uma reprodução de um anúncio tradicional de revista ou jornal. Com o passar dos anos e com a evolução das ferramentas, ele começou a ficar mais colorido, dinâmico e pirotécnico – num misto entre o que se fazia nos impressos e na televisão. Mas a internet permitia mais, muito mais. Afinal, se ela trouxe uma nova forma de se informar, de se relacionar e de comprar, era preciso reinventar a maneira de fazer propaganda. E para onde o consumidor migrasse, ali estaria uma marca se exibindo.

Outra medida "anos 1990" que se tornou praxe e é utilizada maciçamente ainda nos primórdios da Web 4.0 é o e-mail marketing. Ter um cadastro recheado de e-mails para os quais se manda ofertas, notícias relacionadas aos produtos e novidades da marca foi mais uma das maneiras de entrar na casa das pessoas, como já faziam os comerciais de TV. Tanto o banner, em especial aquele que pula na tela (os pop ups), quanto o e-mail marketing são capazes de irritar muitos consumidores. Mesmo assim não deixaram e nem deixarão de ser usados porque são eficazes. A conta é feita a partir da larga escala. Quanto mais gente vir o anúncio, mais chance de uma compra ser efetivada. Além disso, as empresas martelam o nome de sua marca de forma sistemática para um determinado grupo de pessoas.

A forma como se cobra pelo anúncio também teve de ser repensada. Desde aquele momento embrionário, quando os portais eram os principais veículos para os anunciantes, a métrica que foi desenhada pouco foi alterada: as empresas pagam seus banners pela quantidade de cliques ou visualizações. Os conceitos de cobrança por cliques no banner ou a cada mil visualizações dele (custo por clique, CPC, e custo por mil, CPM) são dois dos padrões que emplacaram. Aos poucos foram surgindo novas modalidades de cobrança, como o custo por ação ou aquisição (CPA), ou seja, quando um usuário entra no ambiente do anunciante – seja em sua página oficial ou em sua fan page no Facebook – e realiza alguma operação, desde o preenchimento de um formulário até uma compra efetivada.

No início era tudo um tanto experimental. Nem as agências tradicionais de propaganda e marketing sabiam ao certo quanto cobrar nem quanto valia um anúncio na internet. Nos dez primeiros anos de vida on-line existia uma enorme quantidade de mídia gratuita. Espaços em branco dentro dos sites – chamados de calhau – que não eram comprados por ninguém acabavam sendo usados em permutas e parcerias. Empresas se apoiavam publicando uma o link da outra ou pagavam os portais em produtos. O mercado foi se autorregulando conforme as empresas anunciantes foram percebendo a importância do marketing digital.

Ainda em 2012, mesmo com toda a evolução nas formas de mensurar as visualizações, os profissionais de marketing, comunicação e relações públicas ainda se desdobravam para mostrar o valor das ações na rede. Poucos empresários arriscavam mais que 10% de seu orçamento de mídia para a fatia digital. A falta de confiança no retorno ainda era grande. Até mesmo as agências de propaganda demoraram a entender que precisavam apostar em profissionais especializados no ramo. Ninguém queria ficar de fora da grande festa do comércio eletrônico, mas poucos estavam dispostos a colocar a mão no bolso.

A evolução da tecnologia ajudou a convencer os céticos (e medrosos). Com a possibilidade de afinar métricas de visualizações e de saber cada vez melhor com quem se está dialogando, as agências digitais começaram a ter mais argumentos. A partir dos dados demográficos de uma pessoa – idade, gênero, profissão, religião e até gostos sociais e culturais – que ficam registrados por causa de cadastros e interação nas redes sociais, é possível personalizar um anúncio. Soma-se a isso o mecanismo dos cookies. Cada vez que alguém entra em um determinado site, deixa uma pegada digital a partir do número do seu IP (Internet Protocol), código que identifica o computador. O cookie funciona como uma espécie de carimbo pessoal. Um software consegue rastrear e identificar os principais assuntos de interesse daquele internauta a partir das pesquisas feitas por ele na rede.

Com esses dois instrumentos, as agências digitais conseguem colocar os anúncios certos para as pessoas certas e na hora certa. O mecanismo não é 100% preciso. Mas uma pessoa que está pesquisando preço de bolsas vai começar a ver cada vez mais banners sobre bolsas, acessórios e moda em geral. Assim, cada vez que ela abrir uma nova página, em questão de segundos o software vai identificá-la e mandar o anúncio que mais tem a ver com o que ela está pesquisando.

Os cookies e a possibilidade de customizar um anúncio só começaram a ser usados com propriedade no Brasil a partir da segunda metade da década de 2000. Com essa entrega inteligente de propaganda, a mídia deixou de ser "onde é feita" e passou a ser "para quem é feita". Não importa muito se o veículo é o site do aclamado jornal *The New York Times* ou um blog sobre moda feito na Capadócia. O que importa é quem está navegando nele.

A vontade de entender cada vez melhor o cliente e seu comportamento de compra foi o que levou Clóvis a ir atrás de profissionais especializados nessa nova maneira de fazer marketing. Na segunda metade da década de 2000, ele contratou uma agência de Search Engine Optimization para melhorar o posicionamento nas buscas do Google por meio da análise de dados do Google Analytics. Esses novos sistemas ajudaram também a identificar os pontos de evasão e entender por que o consumidor desiste de efetuar uma compra no meio do processo.

Fazer o social

"Muito lindo. Minha alma fica mais leve quando venho ao link de vocês." O comentário de uma cliente da Giuliana Flores era uma resposta a um post com a seguinte pergunta: "Quem não se surpreende com FLORES?". Na foto, uma mulher com expressão de surpresa, feliz, ao receber um buquê. Uma simples ação gerada pelo marketing da empresa em sua página no Facebook fez centenas de pessoas, a maioria mulheres, suspirarem de emoção em menos de 24 horas. Entre curtidas e comentadas, ao menos 750 fãs interagiram com aquele pequeno texto. Cada um desses, por sua vez, ao interagir com a página da floricultura, faz com que toda a sua rede de amigos saiba que ele esteve ali. Uma escala que se perde de vista em apenas um dia.

Com a explosão das redes sociais, um novo conceito de marketing passou a ser pensado pelos especialistas da área. Não dava mais para uma empresa se comportar como fazia nos anos 1970, 1980 e 1990, quando bastava anunciar na televisão e na mídia impressa e esperar confortavelmente pelos clientes na loja. Era preciso conhecer o consumidor, entender seu comportamento, seus anseios, olhar para os nichos, antever mudanças de gostos. Tudo isso para então pensar em estratégias mais adequadas de campanhas na internet e até mesmo na televisão. Muito além de exibir sua marca, era preciso educar esse consumidor, agregar coisas novas à sua vida, envolvê-lo em algum tema e – a palavra da moda entre marqueteiros da década de 2010 – engajá-lo.

A relação entre as marcas e os clientes ficou mais complexa e interessante. Ninguém mais quer consumir por si só, mas sim se mostrar por meio daquilo que compra. É o chamado "consumo de autoexpressão", ou seja, uma pessoa diz muito sobre o que ela pensa e o que ela sente em cada escolha que faz – do xampu do dia a dia ao carro da família. Ou quando ela usa a página da Giuliana Flores para dar uma indireta ao marido ao dizer que "ama receber flores". Mostrar sua personalidade por meio das marcas é uma forma de engajamento. De alguma maneira, essa expressão estará registrada em sua fala, seus posts, suas fotos e seus comentários on-line.

Ao se engajar em um conceito vendido por uma empresa, o consumidor passou a ter mais voz e, por que não dizer, poder dentro de grandes e pequenas companhias. Uma pessoa pode, a qualquer momento, escrever uma frase elogiando um produto ou detonando a ação de uma determinada marca. Ambos têm esse poder. Quanto isso vai de fato repercutir, para o bem ou para o mal, é difícil antever e mensurar e depende muito do tamanho do círculo social dessas pessoas dentro da internet. Pode causar um grande estrago, sendo constantemente compartilhado pelas redes sociais e pelos (velhos de guerra) e-mails até ir parar na grande mídia. Esses casos são raros. O mais comum é que apenas o grupo de relacionamentos daquela pessoa seja diretamente influenciado, o que não é pouco.

Em uma pesquisa realizada pela Nielsen sobre qual a fonte mais confiável na hora de efetuar uma compra, 90% disseram ser a recomendação dos amigos; 70%, a opinião de outros consumidores on-line; 69%, as notícias na imprensa; e 61%, a propaganda na TV. Ou seja, a televisão fica atrás até da recomendação de meros desconhecidos na internet. Com a agilidade do compartilhamento de informações nas redes sociais, essa influência se multiplica numa velocidade cada vez mais frenética. Acompanhar esse movimento virou tarefa de um novo tipo de profissional que passou a ser requisitado pelas empresas que não querem se perder nesse tsunami de novidades: o analista de mídias sociais.

Essa nova fronteira se somou às antigas formas de publicidade e deu forma a um tripé que todo empresário deve conhecer e explorar adequadamente: a mídia própria (dentro de seu site e outros canais próprios), a mídia paga (anúncios off-line e on-line) e, com o advento das redes sociais, a mídia ganha. Uma empresa não paga para um consumidor falar dela "espontaneamente" no Twitter, por exemplo – e, se o fizer, não vai soar bem. As pessoas simplesmente se manifestam. E, com isso, as marcas ganham visibilidade sem precisar colocar um centavo nisso. É uma publicidade ganha.

A mídia ganha ainda é um terreno movediço. Primeiro porque é descontrolada, e quem tenta controlar o que é dito em redes sociais pode perder tempo e dinheiro. É tão eficiente como enxugar gelo. Segundo porque poucos entendem que ser uma "mídia ganha" não significa que é de graça. É preciso estar ali e saber observar quem, o que e onde está se falando sobre sua marca, seus produtos ou serviços. Daí a importância de profissionais que analisam esse fluxo intenso de troca de informação. Por fim, é esse o momento de conquistar e engajar os clientes. Mídia ganha só funciona quando uma empresa ganha essa mídia – quando a compreende, a acolhe e a conquista.

No início da década de 2010, muitas empresas ainda escorregavam nas estratégias de marketing digital dentro dessas teias justamente por causa da complexidade inerente a elas. As grandes companhias se arriscavam mais. As médias, menos. As pequenas ainda se intimidavam e evitavam gastar parte de seu faturamento em algo ainda pouco palpável. Nesse sentido, a Giuliana Flores era das poucas de médio porte que se arriscavam sem medo nesse novo território, com suas ações experimentais com blogs, fortalecendo a importância de gerar conteúdo próprio, e com o forte engajamento no Facebook.

Em uma pesquisa encomendada pela Giuliana Flores em 2012 para a empresa NetRequest, especializada em hábitos de consumidores on-line, Clóvis e Juliano descobriram que as redes sociais ainda eram de pequena importância em relação à divulgação da marca. Das mais de 2 mil pessoas ouvidas, sendo a maioria (55%) entre 24 e 38 anos, apenas 2,2% tinham conhecido a floricultura on-line pelas redes sociais. A maior parte – 36% – tinha chegado até a página por meio de pesquisa em buscadores. Os demais, por blogs e sites (o anúncio da empresa circula com frequência nesses espaços graças à Rede de Display do Google) ou indicação de amigos. A pesquisa também mostrou que a empresa era conhecida, confiável e, para 70% dos respondentes, a única opção na hora de comprar flores.

O resultado é a prova de que o trabalho construído ao longo da última década, com uma alta aposta nos anúncios distribuídos de acordo com os mecanismos de busca, tinha dado certo. Sem contar o poderoso boca a boca. A indicação de amigos era um ótimo sinal de que a competência em apresentar e entregar o produto gerava confiança no consumidor. Os 2,2% das redes sociais, entretanto, estavam longe de ser desprezíveis. Afinal, a grande onda do novo tipo de consumidor estava apenas começando.

Em pouco mais de um ano, as ações da Giuliana Flores no Facebook se mostraram importantes para o *branding* (fortalecimento da marca). Com o maior número de fãs entre as floriculturas on-line, rapidamente Juliano percebeu que a presença feminina é maior – e que os suspiros com fotos de mulheres recebendo flores repercutem tanto quanto as promoções realizadas na página. Os posts diários têm como estratégia gerar nas mulheres o desejo de ganhar flores. Quando elas curtem ou compartilham alguma mensagem da empresa, automaticamente estão dando o recado aos parceiros e amigos: "Olhe só, eu adoro ganhar flores!". E, assim, a marca vai ficando cada vez mais conhecida.

Uma pesquisa feita pelo Gartner Group estimava que, até 2015, 50% das vendas pela web seriam feitas a partir do contexto das redes sociais. Grandes, médias ou pequenas empresas, o fato é que ninguém mais poderia ficar de fora. Quem não entendesse que o Facebook ou qualquer outro que o substituísse era mais que um passatempo de adolescentes perderia público. Dentro da Giuliana Flores, o passo para o futuro já estava sendo dado no presente.

Capítulo 8
Tempos de expansão

Nova casa

Em junho de 2005, a equipe da Giuliana Flores on-line atravessou a rua. O novo prédio, do outro lado da Rua Monte Alegre, foi sendo construído ao longo dos primeiros anos da década e finalmente tinha ficado pronto. Começava uma nova era: pela primeira vez, loja e site estariam de fato separados. Do lado par da rua, a loja continuaria com seu brilho de sempre e ainda aumentaria de tamanho no futuro. O dia a dia da floricultura seguia a brisa ligeira dos comércios de rua, oscilando conforme o dia, a hora e a época do ano. Com o fechamento da loja física das Cestas Michelli, Maria Rita se juntou ao time da filha e, juntas, passaram a cuidar da pedra fundamental do grupo Giuliana com total dedicação.

No espaço físico, ainda era possível acompanhar de perto as histórias dos clientes, a maioria de amor. Como a daquele homem casado que reencontrou a mulher de sua vida, amor da juventude, e se separou para ficar com ela. Toda vez que volta à loja para comprar flores para a amada, conta para Mihara, vendedora desde 1997, sobre sua decisão acertada. Há também dúzias de histórias de infidelidade e de mulheres casadas que recebem flores de anônimos e que vão até a loja tirar satisfação. Discrição e anonimato são as regras da casa. Mas ninguém deixa de se emocionar com os causos.

A loja abre todos os dias. As flores murcham se fica fechada um único dia. É – como um dia previu seu dono – a maior não só de São Caetano, mas também de São Paulo, porém representa apenas 15% do faturamento total da empresa. Poderia ser fechada. Clóvis, no entanto, faz questão de mantê-la. Não só porque é o xodó de sua mãe e de sua irmã, mas por ser onde tudo começou (e, claro, porque dá lucro). Assim como ir à Feira de Flores da Ceagesp o mantém conectado à sua profissão primeira, a loja é um lembrete de seu pioneirismo como comerciante.

Enquanto Mihara esborrifa água nos arranjos da vitrine e colhe histórias românticas da clientela, do outro lado da rua o ritmo é frenético. É tanta coisa para pensar e organizar que não dá tempo de acompanhar os causos por trás dos pedidos que chegam com uma frequência cada vez maior. Não que o site também não colecione suas histórias mais marcantes, como a de um homem que passou um dia inteiro entregando flores para uma mesma mulher. A cada buquê, ia no cartão uma palavra da grande frase que ele escreveu para ela. Para facilitar, a equipe de logística designou um único entregador para o caso. As atendentes também estão acostumadas a receber telefonemas de homens enciumados querendo saber quem mandou flores para a esposa deles. Na maioria das vezes, são as próprias mulheres que encomendam para elas mesmas, apenas para provocar seus respectivos maridos. As meninas do atendimento, como as da loja, mantêm a confidencialidade.

Os custos da mudança para a casa nova, entre a compra do imóvel e a reforma, chegaram a R$ 800 mil. Nada em vão. A demanda pedia mais gente no andar de baixo da casa, na linha de produção, entre floristas, auxiliares de montagem, almoxarifado, controle de estoque e liberação do produto. E, no andar de cima, operadoras de telemarketing que começaram a se especializar em atendimentos específicos: recebimento do pedido, o Serviço de Atendimento ao Consumidor (SAC), o revertido (que corre atrás de quem desistiu da compra no meio do caminho), entre outros.

Nos primeiros anos no prédio novo, os telefones tocando todos de uma vez enlouqueciam os funcionários. Tia Fátima, a coordenadora dessa equipe, se recorda de que ainda não existiam os fones de ouvido com microfone (*headphones*), que não deixam as atendentes tortas equilibrando os telefones no ombro enquanto digitam. Era tudo um grande ensaio.

Clóvis jura que todo dia ainda é um ensaio, que nunca fica pronto. Que tudo pode sempre crescer e melhorar. Pode até ser, só que nada se compara àquele ano de 2005 e à fase de mudança de prédio. Tudo, absolutamente tudo, ainda estava por fazer.

Navegação veloz

Novamente os outros e-commerces tinham plataformas bem melhores e dinâmicas, enquanto Juliano mal conseguia mexer nas ofertas do dia de sua página. A mudança de casa exigia também uma mudança de cara. Entre 2005 e 2006, foram gastos R$ 160 mil e seis meses de trabalho para desenvolver uma nova plataforma, desta vez própria e locada em um servidor da empresa Alog. Agora eles teriam mais liberdade para criar. Foi nessa época que Daniely chegou e, em pouco tempo de casa, virou assistente de Juliano. Inexperientes na *web art*, contrataram um designer. A página da Giuliana ficou mais bonita e ganhou fluidez. Juliano e Daniely conseguiam mexer nela com mais rapidez, por isso o cliente não desistia tão fácil – por causa da velocidade da página.

O site também ficou mais seguro e ganhou selo de qualidade de empresas especializadas, como o da Unicert. O brasileiro continuava desconfiado das vendas on-line. Todo cuidado era bem-vindo.

Giuliana expandia. Naquele ano de tantas mudanças, eles recebiam uma média de 4,5 mil pedidos por mês, 150 ao dia. Cinco anos antes, no primeiro ano de site, eram apenas 60 ao mês. Um crescimento considerável. Os links patrocinados, duramente batalhados nos anos anteriores, já respondiam por 40% do total de 270 mil visitas ao mês. De casa nova e página high-tech, a perspectiva era ainda mais positiva para os próximos anos. A única coisa que ainda faltava organizar era a equipe, que se virava em várias, como se recorda Juliano: "Éramos o administrativo, o Recursos Humanos, o SAC e o marketing".

Foi nessa época que a empresa viveu um Dia dos Namorados traumatizante. Eles não estavam preparados para um volume tão alto de pedidos. O dia festivo terminou sem que todas as encomendas tivessem sido entregues. Os clientes começaram a ligar enfurecidos. Uma atendente saiu de sua mesa, sentou num canto e chorou. Clóvis corria de um lado para o outro para acelerar o processo. Com tudo atrasado, os pacotes foram se acumulando na saída. Houve muita reclamação.

O caos resultou em mais um aprendizado. A partir de então, datas festivas começaram a ser organizadas com dois meses de antecedência, com contratação de trabalhadores extras. Na semana da data, Clóvis cancela todas as reuniões externas e se dedica exclusivamente às vendas, que chegam a quintuplicar nesses períodos. Episódios como esse ajudavam a definir o que cada um tinha que fazer, e cada equipe foi ganhando um espaço adequado dentro do novo prédio.

Até um espaço de oração, onde é realizado um culto mensal, foi construído num canto da empresa. Ali, a cada início de mês, eles agradecem pela boa colheita do mês anterior.

Nova flor

Naquele mesmo ano da mudança de prédio, um novo público começou a virar fetiche de todo empresário: a classe C. Clóvis sempre entendeu que todo mundo pode comprar flor. Quando começou a trabalhar no ramo, nos anos 1980, presentear com um buquê era coisa de gente rica e de bom gosto. Quem não podia comprar deixava para datas especialíssimas, fosse um aniversário ou Dia de Finados (2 de novembro). Um universo limitado. Nos anos 1990, esse comportamento mudou um pouco, principalmente com a oferta de flores de qualidade inferior vendidas em supermercados. Ainda assim, era um hábito de gente com dinheiro sobrando na carteira.

Apenas nos anos 2000, com o empoderamento das classes mais populares ao longo dos dois governos sucessivos do presidente Luiz Inácio Lula da Silva, focado no aumento da renda dos mais pobres, é que o item de consumo passou a fazer parte da vida de mais brasileiros. O número crescente de sites especializados, como a Giuliana Flores, deu um empurrão nessa aquisição de hábito.

Clóvis sabia que sua clientela era composta essencialmente por homens e mulheres das classes A e B entre 25 e 45 anos. Sua maior preocupação, entretanto, sempre foi ter opção para todo tipo de cliente e facilitar ao máximo a compra, parcelando em até seis vezes – 60% das suas vendas são parceladas. Por outro lado, se uma pessoa quer gastar até R$ 700 em um único kit, por que não oferecer produtos *premium*?

Ainda assim, com um tíquete médio que inibia consumidores com renda mensal entre quatro e dez salários mínimos (faixa que o IBGE considera pertencente à classe C), o empresário achou melhor criar, em 2005, uma nova marca focada no público. A Nova Flor tem uma cara mais jovem. O logo, a página, os arranjos e até seus anúncios têm frescor, são mais simples que os da irmã mais velha, Giuliana. Não à toa a nova marca acabou atraindo um público que a empresa nem esperava: os universitários.

Para oferecer um produto mais barato, é utilizada a segunda marca das empresas parceiras, como a Chocolates Brasil Cacau, do grupo Kopenhagen. As flores são as mesmas. Os arranjos são um pouco menores e os vasos são mais baratos. A Nova Flor emplacou e corresponde a 20% do faturamento total da empresa, que aproveita a mesma estrutura e logística criada para a Giuliana. Quando o cliente liga, uma mesma operadora atende as três grifes de Clóvis: Giuliana, Nova Flor e Cestas Michelli. Na chamada, ela já sabe de qual das três é o cliente que está chamando. Tudo é feito no mesmo espaço e pela mesma equipe – da linha de produção, na qual uma equipe de floristas limpa a flor e prepara o arranjo, até o pessoal da liberação, que faz a checagem final comparando o pedido com o que está dentro da caixa.

A irmã mais nova da Giuliana é também um espaço de ensaio para passos mais ousados. Quando eles querem criar arranjos que não sabem se vão emplacar, colocam no ar primeiro na Nova Flor para testar sua popularidade. Se há êxito, o novo produto segue para a página da Giuliana Flores. O mesmo acontece com a tecnologia. Quando é preciso experimentar uma nova ferramenta ou serviço, a página <www.novaflor.com.br> é usada como um espaço de testes.

Criar três empresas em uma foi uma forma de diversificar a clientela e aumentar seus canais de vendas.

O avanço da concorrência

Dois anos depois, em 2007, Clóvis tomou um susto. Passaram tanto tempo arrumando a casa – o prédio e a página – que deixaram de olhar para fora. Perderam o bonde, aceleradíssimo, da história das flores na internet. A principal concorrente estava muito à frente em número de vendas e era mais conhecida. Além disso, a nova economia tinha atraído outros vendedores de flores como ele para a esfera on-line. Giuliana seguia crescendo, mas perdia território. Como ele tinha feito dez anos antes, quando a ex-sócia tinha montado um negócio bem em frente a sua loja, era hora de reagir cutucado pela concorrência.

Foi nesse período que ele triplicou as ações de publicidade e contratou empresas especializadas em marketing digital para detectar o comportamento dos clientes virtuais (citados no capítulo anterior). A página tinha melhorado, mas o site estava abandonado. Não existia mensuração de resultados, de produtos mais vendidos, suas equipes não trabalhavam visando metas, mas resolvendo as demandas. Ao todo, ele investiu R$ 1,2 milhão apenas em tecnologia, área vital da empresa. Um negócio de internet deve estar muito bem estruturado para cada vez que houver um aumento repentino de tráfego, seja por causa de uma promoção, seja por causa de um anúncio feito em TV aberta.

A mexida deu um resultado rápido: em seis meses ele já estava novamente encostado na concorrência e recuperando o terreno perdido. Um ano depois, já tinha ultrapassado. Em setembro de 2008, ele conquistou o primeiro lugar no Google com a palavra "flores". Nada mau para quem tinha um nome complicado do ponto de vista de marketing.

No ano de mais uma grande crise econômica mundial, 2008, o dono da Giuliana Flores se antecipou à marola que, cantavam os economistas, inevitavelmente chegaria ao Brasil. Ao contrário das crises de 1990 e 2000, quando, respectivamente, ele criou a loja e o site, totalmente alheio aos fatos, desta vez o empresário estava bem informado e preparado – afinal, a internet impactou a vida de todo mundo não só no consumo de bens, mas também no de informações. A primeira decisão para se antecipar à crise foi aumentar a quantidade de parcelas em que o cliente poderia pagar: seis vezes, e não mais em quatro. A segunda foi negociar com as bandeiras de cartão de crédito para que ele recebesse os valores em uma só vez. A ampliação do parcelamento foi uma das principais razões do crescimento daquele ano: 42% em relação a 2007.

Faz parte da personalidade do empresário ver uma dificuldade como oportunidade. E se ele tinha gestado seu negócio em tempos tão complicados, não tinha com o que se preocupar ao completar 18 anos como dono da Giuliana Flores, oito deles na internet. Sua empresa já era de médio porte, com 65 funcionários. E o número de brasileiros comprando on-line não parava de crescer. Em 2008, eram 10 milhões de e-consumidores – menos de 10% da população. Ou seja, na cabeça fervilhante do florista, ainda existiam 90% a serem conquistados – só no Brasil.

A crença de que havia muito espaço para seu produto no mercado pode ser sentida na entrevista que ele deu ao *Jornal da Tarde* no início de 2009 – o veículo encerrou suas operações em 2012. Questionado se não o preocupava o fato de, durante fases de recessão, o consumidor cortar supérfluos como flores, ele respondeu: "Sim, o cliente pode cortar a flor. Por outro lado, o consumidor não cortaria porque num aniversário de casamento, por exemplo, consegue-se agradar com flor sem gastar tanto". Flor, na crise, é uma opção aos olhos otimistas de Clóvis.

Capítulo 9
E-commerce maduro

A febre das start-ups

Uma nova onda de empreendedorismo digital no fim da década de 2000 foi a prova de que, enfim, o e-commerce brasileiro tinha amadurecido. Grandes grupos de lojas físicas apanharam um pouco até descobrir que o consumidor da internet não era o mesmo de sempre. Alguns uniram forças para alavancar grandes públicos pela net, caso da B2W, que reúne a Americanas.com, e todo o know-how das vendas de suas lojas de rua; o Submarino, pioneiro de vendas on-line da primeira fase da internet no Brasil; e o Shoptime, canal de vendas televisivo que lançou o hábito de criar a necessidade por produtos que o brasileiro nem sequer sabia que existiam.

Outro gigante se formou a partir da junção das Casas Bahia, Extra e Ponto Frio, três tradicionais varejistas que antes concorriam entre si nas ruas e se juntaram na nova pontocom para centralizar suas operações de internet. Os dois conglomerados dominavam o e-commerce brasileiro em 2012, correspondendo à metade do total de vendas on-line no país. Acompanhando essa movimentação intensa entre grandes varejistas, Clóvis não perdeu tempo. A cada novo portal de e-commerce que surgia, lá ia ele bater à porta da empresa para propor uma parceria, seguindo o conceito de marketplace inspirado na Amazon.com.

Graças a essa iniciativa, é a Giuliana Flores que figura em grande parte dos canais de flores existentes dentro desses portais. Quando o cliente abre o site de alguma dessas empresas parceiras e busca o ícone "todas as categorias" e, em seguida, "flores", é o site da empresa de Clóvis que aparece na tela. Esse tipo de parceria é interessante para os dois lados porque amplia o portfólio de produtos dos varejistas e a floricultura ganha mais clientes.

Enquanto empresas mais antigas se juntavam e outros magazines tradicionais ainda quebravam a cabeça para entender o conceito de vendas on-line, uma série de novidades foi sendo criada dentro do próprio ambiente web, espaço ideal para negócios que requerem muita tecnologia, mas que não precisam começar grandes – são as chamadas start-ups.

A grande febre de 2010 foram os sites de compras coletivas. A novidade prometia produtos e serviços a preços baixíssimos, que eram vendidos em larga escala por meio de cupons e que deviam ser utilizados dentro de um prazo de validade curto. Para o consumidor, sempre afoito por promoções, foi uma festa. Para quem oferecia os serviços e produtos, também. Pequenos negócios como lojas de bairro, salões de beleza e principalmente bares e restaurantes viram nesses sites a possibilidade de estar na internet sem ter de gastar com publicidade ou site próprio. Um cupom publicado em um site desses era a um só tempo uma promoção e um anúncio.

Os pioneiros no ramo, como o brasileiro Peixe Urbano e o americano Groupon, causaram tanto estardalhaço que incentivaram centenas de empreendedores a apostar na mesma fórmula.

Como em todas as ondas do mercado, Clóvis não deixaria de surfar nessa. Desde que não afetasse sua margem de lucro ou a qualidade dos produtos, o empresário queria experimentar as novidades. Somente com o Peixe Urbano foram diversas ações. Na maior delas, foram mais de 2 mil *vouchers* de compras vendidos.

Um ano depois a onda já tinha virado marola, e muitos sites do gênero quebraram. Além do excesso de um mesmo tipo de negócio, os organismos de defesa do consumidor começaram a receber queixas muito parecidas – muitos anunciantes que faziam a promoção não tinham a dimensão do alcance da internet e não conseguiam entregar o que prometiam. A moda passou, mas os sites de compras coletivas que sobreviveram entraram de forma definitiva na vida do consumidor brasileiro. Tanto que, no primeiro semestre de 2012, o setor faturou

R$ 731 milhões, de acordo com um levantamento feito pelo site SaveMe, parte do grupo Buscapé, em parceria com o e-bit.

A nova geração do e-commerce

A maturidade também proporcionou a criação de dois grandes negócios que rapidamente viraram exemplos aclamados e citados pela mídia e dentro das faculdades de Administração e Marketing: Netshoes e Dafiti. Ao contrário dos negócios do fim dos anos 1990, que focaram estratégias inteligentes para intermediar a venda de produtos e, assim, não ter que se preocupar com questões de estoque, logística e segurança de pagamento via web, como o Buscapé e o Mercado Livre, as duas empresas nasceram completamente focadas na venda de produtos.

A Netshoes, apesar do nome, nasceu na rua. Era uma lojinha que ficava dentro de um estacionamento na rua do Mackenzie, universidade com públicos A e B de São Paulo. As portas foram abertas em 2000, no mesmo ano em que Clóvis inaugurava seu site, e o objetivo era vender tênis e artigos esportivos para a moçada que circulava por ali. O nome foi sugestão de uma tia de Marcio Kumruian, o dono do negócio, que achava que coisas da internet estavam na moda. Em sete anos, Marcio já tinha expandido seu negócio e montado novas lojas. Mas como as vendas pela internet cresciam mais – o site tinha sido criado em 2002 –, o empresário decidiu mudar completamente o rumo. Fechou as lojas de rua e focou apenas o negócio on-line, que já respondia por 70% das vendas. Em 2009, ele vendeu 30% do negócio para o investidor americano Tiger Global Management, já conhecido por investir em e-commerces brasileiros. Dois anos depois, mais 17%.

A Dafiti, ao contrário da Netshoes, nasceu on-line. Foi criada em 2011, inspirada na americana Zappos, comprada pela Amazon.com. Os sócios – um brasileiro, um francês e dois alemães – perceberam que faltava uma boa loja virtual focada em moda dentro do domínio ".com.br". Começaram com um investimento de R$ 50 milhões de um fundo alemão e, em pouco mais de um ano, já tinham conquistado milhões de clientes (em abril de 2012 receberam 3,6 milhões de visitantes únicos).

Pequenas off-line

Nem toda lojinha de bairro tem como meta se tornar um grande e-commerce como a Giuliana Flores. Nem precisa. Entretanto, o que um comércio de rua não podia mais ignorar a partir daquele momento, durante a segunda onda de empreendedorismo digital, era que o real e o on-line estavam cada vez mais convergentes. Eram dois canais de venda diferentes, mas que se complementavam. Uma pesquisa feita pela Associação Comercial de São Paulo (ACSP) em 2010 revelou que apenas 60% das pequenas e médias empresas paulistas tinham um endereço eletrônico. Dessas, só 36% vendiam pela internet. Uma minoria se aventurava nas redes sociais e 70% não faziam sequer divulgação on-line. Em outras palavras, em quase duas décadas de internet no Brasil, e com exemplos cada vez mais grandiosos de e-commerce, pequenos empresários ainda temiam ou não viam necessidade de estar na rede. A maioria nem entendia que tipo de oportunidade a internet podia proporcionar.

Na década seguinte à pesquisa, manter tal postura seria arriscado. O e-commerce era o que mais crescia. Explodiu 1.000% entre 2003 e 2010 e, a partir daí, avançava em média 10% mais que o varejo tradicional. A cada ano, mais e mais brasileiros realizavam sua primeira compra via computador. Com a chegada do celular 3G, esse risco de se tornar obsoleto ficou ainda maior. A internet passou a ser uma ameaça concreta para as lojas de bairro, já que o comércio estava nas mãos do consumidor. Com um aparelho de telefone, uma mulher pode estar em uma loja de roupas femininas e, numa rápida pesquisa, decidir mudar de loja por causa de uma informação extra da vizinha concorrente. Ou ainda se deslocar para outro bairro em busca de um preço melhor. As compras podiam até não ser feitas on-line, mas as decisões seriam tomadas cada vez mais com base nos computadores de bolso.

O movimento feito pelo então comerciante Clóvis em 2000, ao criar seu site, era ainda ignorado por grande parte dos pequenos empreendedores uma década depois. Esse comportamento certamente seria alterado pela força de compras impulsionadas pela explosão do e-commerce. Para o bem ou para o mal.

Flower power

Um dos deveres de casa que Clóvis passa aos funcionários é sempre estar atento ao que as grandes floriculturas on-line estrangeiras estão fazendo. Três grandes fontes de inspiração para o empresário são as californianas ProFlowers e Teleflora e a nova-iorquina 1-800--FLOWERS.COM. A primeira surgiu em 1998, já na crista da onda da internet nos Estados Unidos. Em 2012 abrigava seis marcas, sendo uma delas especializada em doces feitos de frutas e chocolates e outra só de frutas frescas e oleaginosas (nozes, castanhas etc). A ProFlowers tem 7 milhões de clientes cadastrados e entrega em oito países.

A Teleflora foi fundada em 1934, em Los Angeles. Quando migraram para a internet, já tinham uma sólida rede de floristas parceiros espalhados pelo país. A floricultura tem suas peculiaridades: não mantém estoque e aposta na entrega dos arranjos em vasos. Para entregar as flores fresquinhas, na hora certa e não encaixotadas, eles contam com 18 mil afiliados que montam os arranjos e entregam nos Estados Unidos e no vizinho Canadá. E contam com mais 20 mil afiliados em outros países.

A Teleflora investe alto em publicidade pela TV. No Super Bowl de 2012, final do campeonato nacional de futebol americano, uma das maiores audiências televisivas do país, eles colocaram a modelo brasileira Adriana Lima ensinando os homens a agradar uma mulher no Valentine's Day – Dia dos Namorados local, celebrado em fevereiro. A empresa também usa bem seu próprio site. O blog da empresa é de todos os funcionários, parceiros, floristas e amigos que querem falar sobre a paixão em comum, as flores. Outra boa sacada foi criar a "Make someone smile week" (Semana para fazer alguém sorrir), uma ação na qual os clientes podem mandar flores para enfermos desconhecidos em hospitais.

James McCann, mais conhecido como Jim, é o homem por trás da 1-800-FLOWERS.COM. Como Clóvis, ele começou fazendo uns bicos em uma floricultura de Nova York nos anos 1970. Seu trabalho principal, entretanto, era em uma escola para meninos. Em 1976, ele comprou sua primeira floricultura. Foi adquirindo outras até comprar uma de nome 800 Flowers. O nome foi alterado para 1-800 FLOWERS quando ele decidiu criar um número de telefone gratuito para as vendas – negócio que todo mundo o desaconselhou a fazer. Foi o que fez sua empresa engrenar. Ele também foi pioneiro na internet. Fez seu site em 1991, quando não existia sequer o browser (Google, então, nem em sonhos). De forma que somente em 1995 é que seu negócio on-line começou de fato. Hoje, a 1-800-FLOWERS.COM é uma das maiores floriculturas on-line do mundo. O nome foi preservado, apesar de 90% das vendas serem feitas pela internet. Em 1999, ele realizou o IPO (oferta pública de ações) da empresa. Um ano antes, escreveu um livro contando sua história, *Stop and sell the roses*, uma brincadeira com o álbum do beatle Ringo Starr, *Stop and smell the roses*, de 1981.

Capítulo 10
Giuliana chega à maioridade

Dois minutos

Clóvis é um cara de sorte. É abençoado, iluminado, predestinado. Uma espécie de Midas das flores. Tudo o que ele toca, floresce. Difícil jogar e não ganhar. É um grande coração. Ele é o cara. Pergunte a um dos parentes de Clóvis ou para seus funcionários mais antigos sobre o patrão e ouvirá alguma dessas frases. Todos devotos de seu entusiasmo e da sua capacidade de empreender. Como espectadores e, ao mesmo tempo, coadjuvantes de sua saga, sabem que nada foi mágico. Impossível não cair na tentação do chavão, pois nem tudo foram flores em seu caminho. Cada passo, muito bem pensado, foi dado de cada vez. Muitas tentativas, alguns erros. Algumas dores de cabeça. Em todo esse tempo, Clóvis só pensou em desistir uma única vez. Inesquecível.

Uma funcionária do financeiro usou R$ 800 mil de um empréstimo pré-aprovado que Clóvis deixava como reserva de emergência, mas que ele nunca tinha precisado. Empreendedor de uma cepa mais conservadora, ele resistiu mais de uma década até pedir o primeiro empréstimo para seus negócios em uma instituição financeira. O empresário cresceu no ramo comprando tudo, inclusive o imóvel onde a empresa está hoje, pagando do próprio bolso, em quantas parcelas fossem necessárias.

Como a funcionária era de sua confiança, ele assinou os papéis autorizando a transação, acreditando se tratar de operações corriqueiras de transferência entre as contas da empresa. Ela, por sua vez, usou a reserva mais de uma vez para evitar fechar o mês no vermelho. Para mostrar serviço, ela pegava o empréstimo e apresentava os resultados positivos. O próprio gerente do banco, ciente da personalidade de Clóvis em relação a transações financeiras, percebeu que havia algo errado e o chamou para conversar. Só então ele se deu conta do tamanho da encrenca. Justo ele, tão zeloso com o dinheiro, tinha deixado passar aquela operação equivocada.

No dia seguinte, dia de feira na Ceagesp, Clóvis sentiu um cansaço sem precedentes. Estava exausto, a perna doía, fazia frio na madrugada. E, pela primeira vez, se perguntou o que estava fazendo ali. Por que fazia tanto esforço? Por que era tão devotado à sua empresa? Por que queria crescer mais? Por que fazer tanto se um único funcionário pode pôr tudo a perder? O pessimismo e o sentimento de derrota duraram dois minutos. Logo ele se deu conta de que era maior que aquele problema e que já tinha enfrentado coisa bem pior. Aquele imbróglio seria resolvido, na pior das hipóteses, em alguns meses. A empresa já era madura e sólida, não fazia sentido desistir naquele momento.

Voltou para a sede da Giuliana, em São Caetano, e demitiu a funcionária. Não sem antes dizer que ela tinha sido a única pessoa que o tinha feito pensar em desistir. Como em todas as experiências impactantes, aquele episódio teve seu lado positivo. Fez o empresário refletir sobre sua conduta com a equipe, sobre o cuidado com as operações financeiras e sobre a necessidade de ainda ser centralizador nas áreas mais sensíveis.

Os olhos do dono tinham de continuar engordando o gado pessoalmente. Ainda não era a hora de delegar.

Anos dourados

Em 2009, 2010 e 2011, a Giuliana Flores cresceu mais que nos 18 anos anteriores. Em três anos dobrou o quadro de funcionários, o espaço físico e o faturamento. Em 2007, ano em que Clóvis começou a se mexer para alcançar a concorrência, o faturamento chegou a R$ 8,9 milhões. Em 2011, passava de R$ 20 milhões. Cresceu em tamanho, lucro e também em problemas. Não é fácil crescer tão rápido.

O *boom* trouxe seus desafios. Um deles, por exemplo, foi começar a apostar em uma gestão mais profissional, com a designação de metas por setor.

O ano de 2009 foi o principal responsável por essa aceleração. No final do ano anterior, Clóvis percebeu que suas vendas aumentavam, mas não o lucro. Contratou um consultor financeiro para fazer uma ressonância magnética completa no grupo todo. O especialista logo detectou o problema: o estoque estava mal dimensionado. A equipe de compras exagerava na quantidade de produtos por medo de faltar alguma coisa e, assim, ursinhos, cervejas, chocolates iam se acumulando no almoxarifado por muito tempo.

Um sistema interno de controle, o software de gestão ERP, foi adotado ainda em 2008 e passou a controlar os produtos estocados com mais precisão. Dessa forma, cada vez que o kit "Ah! Te amo", um dos campeões de venda, era vendido, o controle dava baixa em um ursinho de pelúcia vestindo uma camisa de força com os dizeres "Sou louco por você". Se uma determinada bebida estava em falta, os arranjos contendo o produto nem apareciam como opção para o cliente no site. As compras de produtos passaram a ser mais bem planejadas e a adoção do software de gestão reduziu em 25% o volume de produtos estocados.

Considerando que a variedade de opcionais cresce todo ano, cada metro quadrado de prateleira tem de ser muito bem aproveitado. A empresa oferece tantas coisas que eles nunca tinham sequer imaginado, como azeitonas e tomate seco, que Clóvis costuma brincar que sua empresa vende "até flores".

As formosas plantas, apesar da brincadeira, são a verdadeira razão que leva mais de 20 mil pessoas à página por dia. Presentear alguém com flor denota cumplicidade, intimidade, amor, paixão, desculpas e até pêsames. É o presente mais delicado que existe, não só por sua fragilidade, mas por tudo o que um simples botão de rosa significa. Apesar do volume de quase mil entregas por dia, Clóvis sabe que o que ele vende é puro sentimento. Mesmo não acompanhando história por história, como Michele e Mihara conseguem fazer na loja, o cuidado com os pedidos deve estar em cada detalhe, da embalagem sólida à entrega precisa. Uma única flor enviada no dia errado pode frustrar a expectativa de um galanteador – e encher o SAC da empresa de reclamações.

No ranking das prediletas dos clientes da Giuliana Flores, as rosas continuam imbatíveis, sejam as gigantes colombianas ou as minirrosas nacionais. As caras orquídeas, que eram tidas como exóticas até alguns anos atrás, aparecem em segundo lugar. Tulipas e astromélias vêm na sequência. As combinações com bebidas, em especial espumante, e com chocolates continuam sendo as mais pedidas.

Ainda no glorioso ano de 2009, o mercado corporativo começou a ganhar mais destaque. A empresa aproveitou a parceria que tem com outras empresas para divulgar as vantagens da compra corporativa, normalmente concentradas no Dia da Secretária, 30 de setembro, a quarta melhor data em vendas para a floricultura. O Dia Internacional da Mulher, 8 de março, a terceira melhor data, também impulsiona as vendas dentro das empresas. A fatia do corporativo ainda é pequena, mas o empenho criado resultou em avanço e chegou a 8% do faturamento em 2012.

Modernidades

Entender as dificuldades do comprador é fundamental na hora de evoluir o serviço oferecido, assim como ouvir suas queixas. Para isso, ferramentas internas da empresa são fundamentais nesse sentido. O tradicional Serviço de Atendimento ao Consumidor (SAC) recebe um cuidado em especial, com atendentes bem treinadas e preparadas para lidar com o cliente insatisfeito. O mesmo acontece com uma ferramenta ágil, uma das tantas inovações adquiridas pela empresa no fim da década de 2000, o NeoAssist, que modernizou o chat. Se em sete minutos de navegação o cliente não se decide por um produto, surge um banner oferecendo ajuda.

Ferramentas como essa ajudam também a dar uma resposta mais rápida para os clientes. E como o produto flor mexe com o lado mais sensível da pessoa, quanto antes as dúvidas ou queixas forem respondidas, mais felizes – e fiéis – eles se mantêm. Um pequeno detalhe que gerou impacto imediato foi a confirmação da entrega no celular do comprador. O cliente que compra flor é ansioso e quer saber logo se sua surpresa já chegou às mãos do presenteado. Com o SMS de confirmação, diminuiu o número de clientes ligando para a empresa, o que obstruía o uso das linhas e, por conseguinte, emperrava novas vendas.

Outra iniciativa que ajudou a diminuir a quantidade de e-mails e ligações foi o cadastramento de 3 mil perguntas e respostas frequentes de clientes do e-commerce. A equipe de atendimento passou a receber 86% menos e-mails e tem mais tempo para fazer novos contatos.

Um novo sistema de logística também foi adotado. Com ele, não era mais preciso que um funcionário fizesse o romaneio – divisão de entregas e motoristas por região. Tudo passou a ser feito de forma automática e deu agilidade na liberação das entregas para os motoristas. Esse mesmo sistema é integrado aos celulares com sistema WAP, de forma que o próprio entregador preenche um aplicativo quando faz a entrega, não precisando mais ligar para a central para avisar.

Na página, fotos maiores, com *zoom* nos detalhes, e vídeos dos produtos ajudaram o consumidor a ter uma ideia sobre eles mais próxima da realidade. Tamanho, cor, textura. Tudo ficou mais fácil de ser observado, quase como se o cliente estivesse em uma floricultura real. Só não dá para sentir o cheiro das flores. Ainda.

A menina grande do grupo já caminhava com as próprias pernas, o que permitiu que a Nova Flor recebesse mais espaço e atenção. Clóvis queria melhorar o posicionamento da marca nos buscadores e fazê-la mais conhecida. Uma das maneiras de colocar a Nova Flor no cesto de compras do povo foi pôr ofertas nos sites de compras coletivas durante o *boom* que ocorreu em 2010 (citado no capítulo anterior).

As facilidades tecnológicas, a melhoria na gestão da equipe e da loja, o crescimento do e-mail marketing e o aumento do número de parcelas para pagamento feito ainda em 2008 foram os responsáveis pelo maior crescimento da história da empresa – 62% em 2009. Ajudava, e muito, o fato de que o comércio eletrônico vinha crescendo num ritmo de 30% a 40% ao ano. No último ano da década de 2000, 44,5 milhões de brasileiros navegavam diariamente pela rede, e o varejo eletrônico faturava R$ 10,5 bilhões, de acordo com o e-bit. Mercado tão poderoso que as flores começaram a aparecer, pela primeira vez, nos rankings de produtos mais comprados no comércio on-line.

Quando Giuliana soprou 20 velinhas, em 2010, só tinha a celebrar. Já era uma moça vistosa, bonita e perfumada, conhecida e recebida de braços abertos por todo o Brasil.

Capítulo 11
O futuro do e-commerce

Mundo mobile

Clóvis saca seu smartphone e se conecta à internet. Em dois segundos, a página da Giuliana Flores surge na tela e ele sorri, orgulhoso com mais aquela novidade. O lançamento oficial de sua página versão mobile, no fim de 2012, marcava o início de uma nova era nas vendas on-line. Uma era em que o comércio estaria em todos os lugares, sendo carregado no bolso dos consumidores.

No fim de 2011, a Organização das Nações Unidas (ONU) contabilizava 6 bilhões de aparelhos celulares no mundo. Ou seja, "apenas" 1 bilhão da população mundial ainda não era mobile. Em 2012, no Brasil, a Agência Nacional de Telecomunicações (Anatel) contava 259 milhões de celulares no país, mais de um por cidadão. O sistema pré-pago era dominante – mais de 80% – e uma minoria tinha o 3G, que garante o acesso à internet com maior velocidade – nem 20%. Paralelamente, a venda de tablets começava a disparar; foram mais de 2 milhões de aparelhos vendidos em 2012, com expectativas de 100% de aumento para o ano seguinte.

O mundo estava móvel. E caminhando para estar conectado 100% do tempo. A possibilidade de carregar a internet para todos os lugares por meio do celular ou dos tablets começava a moldar um novo tipo de comércio e de consumidor. Enquanto termos específicos eram propagados sobre e-commerce (M-commerce para vendas pelo celular; F-commerce para Facebook; T-commerce para a televisão como canal de vendas; S-commerce para toda operação realizada por mídias sociais etc.), os especialistas já começavam a falar em um novo E-commerce – o "everywhere commerce". O comércio já não estaria mais nas ruas, nos shoppings e na internet, mas sim em todo lugar, o tempo todo, nas mãos do consumidor.

Os três países mais evoluídos no tema, Estados Unidos, Japão e China, ditariam as tendências dentro desse sistema móvel de compras, incluindo interações com outras plataformas, como o computador pessoal e a televisão. Ver um produto na TV e comprá-lo pelo celular na mesma hora, por exemplo, já era uma possibilidade no início daquela década nos países mais *high tech*, enquanto os brasileiros ainda estavam testando o uso de seus celulares 3G. Na outra ponta, as empresas também estavam se adaptando e começando a lançar aplicativos para realizar as vendas pelos celulares.

Os poucos consumidores brasileiros que já ousavam realizar compras pelo celular em 2012 se dividiam entre dois sistemas operacionais – o iOS, do iPad e do iPhone, e o Android, sistema operacional aberto criado pelo Google e usado pela maior parte dos fabricantes de smartphones e tablets. As vendas por esses canais ainda eram tímidas, mas seu crescimento seria acelerado a partir daquele ponto. A expectativa era de que até 2014 cerca de 12% das transações eletrônicas fossem feitas em dispositivos móveis. Era o everywhere commerce crescendo e ganhando corpo.

Mais que a compra em si, os aparelhos permitiriam que o consumidor ficasse cada vez mais informado. Como já foi dito anteriormente, as pesquisas de comparação de preço *in loco* – nas lojas, durante o ato da compra – se tornariam um ritual sagrado. Aplicativos que permitem a interação com o produto, saber mais informações sobre ele, suas aplicabilidades, e ainda os Códigos QR – aquelas imagens que podem ser decodificadas por smartphones já usadas com bastante propriedade por peças publicitárias em cartazes espalhados nas grandes cidades – seriam cada vez mais explorados.

O celular como ferramenta de pagamento, que prometia reduzir os altos gastos com cartão de crédito, também aparecia como uma grande promessa no início da era mobile do comércio, coisa que já tinha se tornado realidade no Japão.

O celular seria o grande agregador. Por ele passariam as pesquisas, as informações, as indicações, enfim, a efetivação das compras – e até o pagamento delas. Considerando que 90% das pessoas buscam informação na internet antes de comprar e que 43% fazem recomendações por meio dela, as empresas passaram a ter no telefone portátil um campo fértil para melhorar seu relacionamento com o consumidor.

Mesmo antes de criar seu site versão mobile, a empresa de Clóvis já realizava cerca de 100 vendas por mês via dispositivos móveis. Era pouco, mas o suficiente para convencer o empresário de que não dava para deixar o assunto para depois. Poucos meses após o lançamento do site para celulares, as vendas nesse canal subiram para uma média de 700 ao mês.

O baile todo

Em 2010, 60% dos e-consumidores eram das classes A e B e 35% da classe C. Essa porcentagem mudaria radicalmente nos anos seguintes. Com mais possibilidades de acesso, ofertas variadas, novos tipos de produtos e a influência de seus pares (ajudando a reduzir o medo de comprar pela internet), mais brasileiros entrariam para o grande baile do e-commerce. Uma nova geografia de compra também estava sendo desenhada. Cidades do interior com menos de 200 mil habitantes começaram a "importar" itens que loja nenhuma de seu município vendia, como livros e flores. O comércio eletrônico ajudou a democratizar o consumo no Brasil.

Em 2010, éramos 24 milhões de compradores on-line. Em 2011, 32 milhões. Em 2012, quase 40 milhões. Na era do everywhere commerce, com celulares conectados crescendo em progressão geométrica, as projeções de crescimento eram otimistas.

Quando se fala em números de internet, a velocidade com que eles crescem é inversamente proporcional ao tempo em que um livro é escrito. No exato instante em que esta linha está sendo lida, milhares de transações comerciais estão sendo feitas mundo afora. Centenas de usuários fazem sua primeira compra on-line no Brasil.

Uma ou outra nova tecnologia de processamento de dados é testada no Japão. Dezenas de start-ups estão sendo rabiscadas em iPads de estudantes universitários do Vale do Silício. Uma grande rede social que vai ser moda daqui a quatro ou cinco anos pode estar no forno. Floriculturas on-line despacham milhões de pacotes recheados de sentimentos em todos os meridianos do planeta.

Ainda assim, vale a pena registrar neste velho e imbatível meio de comunicação, o livro, ainda mais sobre um grande case brasileiro de e-commerce, um rápido raio-X do que estava acontecendo no comércio eletrônico do Brasil em 2012. Os dados foram levantados pelo e-bit no primeiro semestre do ano.

Nos primeiros seis meses, foram faturados R$ 10,2 bilhões nas vendas on-line no país, o que significou um acréscimo de 21% no mesmo período do ano anterior. Nesse período, 5,6 milhões de pessoas fizeram a sua primeira compra on-line. Foram quase 30 milhões de encomendas nas lojas virtuais brasileiras, com um tíquete médio de R$ 346. O Dia dos Namorados e o Dia das Mães foram as datas especiais que mais puxaram as vendas. As categorias mais vendidas foram as de eletrodomésticos (13%); saúde, beleza e medicamentos (13%); moda e acessórios (11%); livros, assinaturas de revistas e jornais (10%); e, por fim, informática (9%). A expectativa da chegada da Amazon já era grande entre os chamados e-buyers.

O que vem a seguir?

No início da década de 2010, as apostas do e-commerce se voltavam para algumas tendências em especial. A primeira delas era o fortalecimento de nichos cada vez mais específicos. Gente especializada em vender coisas que não se encontram em qualquer lugar, como artigos de colecionador ou alimentos adequados para dietas específicas, teriam cada vez mais espaço no carrinho de compras dos clientes.com. Um contraponto aos grandes grupos e magazines on-line que vendem de tudo.

A segmentação de produtos está diretamente ligada à diversificação dos públicos. Quem quisesse atender mais de um público teria de começar a pensar no conceito de diversas marcas sob um único guarda-chuva, como já fazia Clóvis desde a criação das Cestas Michelli, ainda nos anos 1990, e da Nova Flor, em 2005.

O consumidor também se tornaria cada vez mais exigente: a informação sobre as maravilhas daquilo que é vendido já não bastaria mais. De onde vem a matéria-prima? É sustentável? A empresa trata bem seus funcionários? Ela se preocupa com os entornos de sua empresa? E, o principal, ela sabe dialogar com seus clientes? A nova geração do comércio eletrônico tinha de estar preparada para lidar com esse novo e-consumidor.

Para ajudar nessa conversa, os recursos digitais deveriam ser explorados ao máximo. O conceito de "experiência on-line" passaria a permear as estratégias de marketing. A ideia seria fazer o internauta interagir com produtos e conceitos por meio de games, aplicativos e vídeos – muitos vídeos. Quanto mais ele pudesse testar on-line, melhor. E quem sabe os gadgets do futuro não tragam até mesmo o cheiro e a textura das coisas?

Tudo isso, claro, dentro do ambiente das redes sociais. As empresas inteligentes passariam a usar esses espaços para ouvir seus diversos públicos de forma mais sistemática. E o consumidor, esse grande palpiteiro, quer mais é ouvir e ser ouvido.

Capítulo 12
Para ser grande

Os estrangeiros estão chegando

O criador da Giuliana Flores sempre teve um grande apreço por todos aqueles que estão com ele há muito tempo. Em especial os que cresceram com a empresa e aprenderam com ele um ofício, como Andreia e Daniely. Clóvis cultiva parcerias de longa data também fora dos muros de sua gigante floricultura. Maria Inês de Campos Vilela é sua contadora desde os tempos em que a então microempresa faturava em torno de R$ 10 mil, no fim dos anos 1990. Macalé, o carregador, Carlão, o entregador de rosas nacionais, e o amigo Marcelo (aquele dos painéis) são todos companheiros e fãs do garoto que viram se tornar um bem-sucedido empresário. É esse o tipo de gente que ele não abre mão de ter por perto.

Com a empresa já consolidada, somando mais de duas décadas e num ritmo de crescimento constante, era hora de abrir espaço também para um novo perfil: profissionais qualificados e com experiência em setores estratégicos, como recursos humanos e logística. Em 2011, a área de tecnologia foi internalizada. Para gerente de TI, foi contratado o mesmo profissional que o atendia de forma terceirizada.

Inspirado em uma entrevista do multibilionário Eike Batista, Clóvis decidiu dar participação dos lucros para seus gerentes quando as metas fossem cumpridas. A ideia foi bem recebida pelos seus cabeças e implantada no início de 2012. Foi uma forma de dividir a preocupação com as vendas com toda a equipe. A cabeça do dono processa mil ideias por minuto. Com mais de 40 anos, tranquilo com o futuro da mãe e dos três irmãos, e já no segundo casamento, ele queria se dar ao luxo de se concentrar nas partes do processo produtivo que mais lhe interessavam.

A decisão de investir na profissionalização de sua empresa também aconteceu por causa das visitas que ele começou a receber em 2011: de investidores estrangeiros. Homens de terno falando inglês, e com propostas para tornar um negócio de médio porte em um gigante do e-commerce da noite para o dia, foram chegando aos bandos na sede de São Caetano do Sul. Na década anterior, o Brasil tinha virado moda. O *boom* econômico – que chegou ao seu auge em 2010, com o maior crescimento do PIB desde os tempos do Plano Cruzado, 7,5% – e os dois maiores eventos esportivos mundiais figurando no calendário brasileiro, a Copa do Mundo e os Jogos Olímpicos, atiçaram o interesse de grandes grupos internacionais, que passaram a fazer uma varredura em todo e qualquer tipo de negócio brasileiro com potencial para crescer. As flores não ficaram de fora.

O interesse dos estrangeiros fez com que o empresário percebesse o valor real de sua empresa. Clóvis jamais descarta uma hipótese até conhecê-la bem. Está sempre disposto a ouvir uma proposta, seja ela de um fornecedor, de uma agência especializada em e-marketing ou de um possível sócio. Não foi diferente com os estrangeiros. Ele fez questão de saber o que cada um oferecia. Naquela altura, muitos empresários brasileiros da internet já estavam vendendo partes de suas empresas ou negócios inteiros para grupos estrangeiros – caso do já citado Buscapé. Era o curso natural para quem crescia exponencialmente e que estava em dois mercados promissores ao mesmo tempo: o do comércio eletrônico e o de flores.

Se o e-commerce ainda tinha um vasto campo de crescimento e era cada vez mais promissor por causa da citada evolução dos celulares, o mercado de flores também ainda tinha muito a ser explorado. Apesar de ser uma cadeia produtiva forte e que cresce em torno de 10% ao ano, sempre foi um mercado pequeno quando comparado o nível de consumo de flores de um brasileiro com o de um americano ou europeu.

Enquanto no hemisfério norte se consomem, em média, US$ 80 *per capita* ao ano, no Brasil esse valor é em torno de US$ 20. Não existe no país o hábito de comprar flor para si próprio e para a decoração da casa. A cultura da flor como presente é a que predomina entre os consumidores brasileiros – daí o sucesso e grande potencial das floriculturas on-line. O espaço para crescer, entretanto, é imenso, o que pode gerar ainda mais empregos no setor, que em 2012 fazia girar cerca de R$ 4 bilhões, contava com 7,2 mil produtores e empregava quase 200 mil trabalhadores[1].

Não deu certo? Muda!

O Departamento de Marketing da Giuliana Flores está sempre testando. Testa ferramentas on-line de auxílio ao consumidor, testa produtos novos, testa parcerias, testa os modismos dos e-commerces e das redes sociais. Se a novidade não surte resultado rápido, é só tirar do ar. E eis uma das grandes vantagens do comércio via internet. Não deu certo, muda. A cada ano, dezenas de experiências vão sendo testadas. E, cada vez que eles ousam, ganham novos visitantes na página, fãs no Facebook e, consequentemente, clientes. Nesse rol de experiências, a Giuliana Flores já entrou na onda do "Dia do Frete Grátis", quando vários e-commerces tiram o custo da entrega, no do "cashback", sites de vendas que garantem a devolução de 10% do dinheiro investido caso atinjam um determinado número de vendas, entre outras novidades do comércio da web.

Por outro lado, o que dá certo é abraçado com garra, como as parcerias com os grandes varejistas citadas anteriormente. Em 2012, Clóvis fechou mais uma: com o grupo Máquina de Vendas, detentor de cinco portais, entre eles o Ricardo Eletro. O nome forte do varejista ajudou a emplacar matérias em jornais de grande circulação anunciando que "agora a loja de eletrodomésticos também vende flores". A dica das múltiplas parcerias foi de um consultor que o desaconselhou a apostar todas as suas fichas somente no Google, por mais poderoso que ele fosse. "Mil parceiros, uma venda em cada um é igual a mil vendas", profetizou.

1. Dados da Câmara Setorial Federal de Flores e Plantas

Entender como o cliente compra e mantê-lo satisfeito também ocupa os neurônios de Clóvis e de sua equipe de marketing. Uma evolução nesse sentido foi dar a opção para o internauta montar seu próprio buquê – ele sempre pôde escolher os produtos acessórios, mas os arranjos florais já eram oferecidos prontos, uma forma de customizar o produto.

Outra estratégia para evitar reclamações nas redes sociais e em sites voltados aos consumidores e no Procon (Fundação de Proteção e Defesa do Consumidor) é resolver o problema diretamente com o cliente da melhor forma possível e tentar entender por que o problema ocorreu – "Cliente satisfeito é o nosso melhor marketing", costuma bradar Clóvis aos seus funcionários.

A mudança frenética de decisões e de experiências faz parte da vida de quem vende on-line. É uma verdadeira "guerra virtual", e Clóvis sabe que não pode ficar parado.

O futuro de Clóvis

"Você não sabe o quanto eu caminhei pra chegar até aqui. Percorri milhas e milhas antes de dormir. Eu não cochilei." A música "A Estrada", do grupo Cidade Negra, toca no rádio do carro. Clóvis sorri um riso que sua mulher Renata, ao lado, já conhece bem. O riso discreto de quem está satisfeito consigo mesmo e com suas vitórias. Em seguida, diz: "Essa é a minha música".

Após milhas e milhas percorridas, a Giuliana Flores era, em 2012, uma empresa de médio porte, considerada um case bem-sucedido de e-commerce. Nem todo mundo conhece o homem por trás da floricultura, mas Clóvis é conhecido e respeitado entre seus pares. Pode ser visto com frequência em seminários e workshops sobre empreendedorismo, nos quais fala sobre seus erros, acertos e aprendizados. Certa vez, numa palestra na Faculdade de Administração e Economia Getúlio Vargas, em São Paulo, sentiu-se intimidado. O que um comerciante cujo negócio tinha vingado podia oferecer aos melhores alunos de Administração do país? Ele apenas contou sua trajetória. E foi um sucesso.

Quando o empresário celebrou seus 32 anos como profissional e 22 anos como dono da Giuliana Flores, ele ainda não sabia ao certo qual seria seu futuro. Se teria um estrangeiro como sócio, se venderia sua menina dos olhos, se ampliaria a empresa com filiais em outras praças, se venderia o direito de uso da marca ou se deixaria a empresa para os irmãos. Tinha muitas opções.

O futuro, no entanto, ainda estava longe. Ele ainda tinha muita energia e *insights* para fazer seu negócio de sucesso continuar crescendo. E sabia exatamente quais seriam os próximos passos. O mais urgente seria comprar três casinhas na frente da empresa para poder ampliar seu espaço de 1.600 metros quadrados, que não comportaria o número de pedidos das datas especiais do ano seguinte. Ou alugar um novo prédio. Tudo precisa ser decidido rápido. Os números nunca param de aumentar.

Em dezembro de 2012, o grupo Giuliana Flores, incluindo a Nova Flor e a Cestas Michelli, recebia 600 mil visitas por mês, 2,5 milhões de *page views*, tinha uma base de 1,3 milhão de clientes cadastrados, 23 mil pedidos mensais e detinha 76% do share dos acessos de sites de flores de todo o país.

Tia Fátima, muito religiosa, acha que Clóvis foi escolhido por Deus. Maria Rita também desconfia do dedo divino na saga de seu filho. Os amigos acham que ele simplesmente nasceu com o dom para os negócios. "Tem sangue de comerciante", resume Renata, a esposa. Seus funcionários, que sabem que ele passa mais tempo que todos dentro da empresa, acreditam que o resultado positivo é fruto de esforço e perseverança. Clóvis não sabe ao certo o que fez dele um empreendedor bem-sucedido. Até ele se surpreende quando se dá conta de onde chegou. Tudo o que ele almejava, afinal, era ter uma loja bonita e lucrativa. Ser empresário, com esse nome e toda a pompa, não era algo que ele planejava.

A melhor explicação para seu feito pode estar em uma de suas frases preferidas, a que ele sempre repete quando algum fornecedor ou empresa parceira chega com um problema de outra área para ele resolver:

"Isso aí é você quem tem que me dizer. Eu só sei vender flores".

Epílogo
O 22º Dia dos Namorados

São 15h30 e, apesar da correria, o pior já passou. O grosso das encomendas já foi despachado. Resta entregar os presentes dos enamorados de São Paulo que fizeram seus pedidos para a parte da tarde e da noite. O resto do Brasil já recebeu suas flores. Na linha de produção, o ritmo é intenso. No andar de cima, o Departamento de Marketing está reduzido a duas pessoas, apenas para resolver assuntos emergenciais. Em datas especiais, os funcionários do setor são fundamentais na produção. Todos arregaçam as mangas.

Cleide Lima de Deus Moraes Mendes, 29 anos, tecnóloga em marketing, revive seus primeiros anos de empresa nessas datas. Ela começou aos 21 anos na produção, passou pela logística, SAC e pela liberação antes de chegar ao marketing. Nesse Dia dos Namorados, ela veste a camisa preta, uniforme do pessoal de chão de fábrica, e se integra ao mutirão. Sua função é acomodar os buquês e os produtos na embalagem e checar se os itens conferem com cada pedido. Um funcionário cuida para que o chão esteja sempre limpo, sem restos de flores, folhas, laços e papéis. A máquina que produz plástico bolha não para de funcionar um segundo. Cada caixa deve ser cuidadosamente forrada com a proteção.

O próprio Clóvis, em mangas de camisa, orquestra cada detalhe, checando onde o processo atravanca. O dono da empresa nem sequer dormiu. Virou a madrugada supervisionando os primeiros pacotes, emendou na Feira de Flores na manhã da terça-feira, dia 12, e passou o resto do dia conduzindo sua locomotiva em marcha acelerada.

Uma pequena falha no sistema de impressão da nota fiscal para toda a produção. O gerente de TI corre de um lado para o outro tentando resolver o problema. O setor de liberação, parte final da linha produtiva, onde as caixas são finalmente liberadas e acomodadas em prateleiras de acordo com a região da entrega, fica alguns minutos sem trabalho por causa da falha operacional. Nada de relaxar. Eles sabem que quando a nota fiscal voltar a ser impressa, a esteira vai ficar lotada de embrulhos.

Quando o fluxo volta ao normal, alguém brinca com um pedido que inclui três grandes buquês:

"Esse aí está apaixonado mesmo. Ou se sentindo muito culpado!".

"Que nada! É um para cada mulher", brinca a outra funcionária.

Todo mundo ri e o clima fica descontraído por alguns minutos. Suspiros. O trabalho é cansativo, mas dá gosto ver tanta gente disposta a surpreender seu par na data dos apaixonados.

Nesse 22º Dia dos Namorados, a empresa inovou oferecendo serenata. Uma parceria com o grupo paulista Trovadores Urbanos permitiu que o cliente mandasse seu buquê pelas mãos dos seresteiros, com a música preferida da amada ou do amado. Na data, a fatia de homens compradores aumenta consideravelmente. Um mês antes, o setor de marketing fez uma pesquisa para tentar entender a cabeça dos clientes homens, que em dias normais correspondem a 45% dos compradores. Descobriram que eles são mais econômicos, gastam em média R$ 14 menos que as mulheres, são menos criativos, se restringem às rosas vermelhas e são mais práticos, só olham as duas primeiras páginas de opções de produtos (existem, em média, cinco). O levantamento ajudou a elaborar campanhas para chamar mais a atenção desse público para a variedade de presentes na véspera do dia 12 de junho.

São 17h30. Os calcanhares doem, os olhos apertados de sono lacrimejam. Todos estão cansados. Falta pouco. Um último pacote é despachado. Alegria geral. Clóvis manda distribuir um farto lanche para seus funcionários.

Duas horas depois, o salão está vazio. Todo mundo foi embora depois de dois dias de trabalho pesado. Os únicos ainda presentes são Clóvis, Juliano e Daniely, que fazem uma breve avaliação de mais um Dia dos Namorados com crescimento de quase 50% nos pedidos. Reveem o que funcionou, o que pode ser descartado e, embora esgotados, celebram mais um feito. Após 36 horas sem dormir, o dono da floricultura encerra a operação.

É hora de atravessar a rua e ir para a loja ajudar Maria Rita e Michele. Do lado de lá, o movimento está apenas começando.

Referências

Clipping Giuliana Flores – 2005-2012, NB Press

Revistas

Veja, IstoÉ, IstoÉ Dinheiro, Época, Época Negócios, Pequenas Empresas Grandes Negócios, Exame, Exame PME, INFO Exame

Jornais

O Diário do Grande ABC, O Estado de S. Paulo, Folha de S. Paulo, Jornal da Tarde

Sites

Giuliana Flores, NovaFlor, Cestas Michelli, e-bit, Exame.com, Yahoo!, UOL, Google, Amazon, Wikipedia, Revoluçãoebook.com.br, Saiadolugar.com.br, Casodesucesso.com, e-commerce.org.br, Buscapé, Mercado Livre, Netshoes, Dafiti, Teleflora, Proflowers, 1-800--FLOWERS.COM, Anatel, ONU Brasil, Mestre SEO

Outras referências

- Relatório e-bit Webshoppers 26ª edição (1º semestre de 2012)
- Curso de Marketing Digital para Jornalistas – Escola Superior de Propaganda e Marketing (ESPM)

Professores: Licínio Motta, Sérgio Laje, Luciana Burger e Pedro Waengertner

- Vídeo com as lições de Jeff Bezos (Amazon), disponível em: <http://www.youtube.com/watch?v=-hxX_Q5CnaA>

- Livro *Estratégias de Marketing Digital e E-commerce,* Sandra Turchi (Editora Atlas)

Lista de entrevistados

Clóvis Josué Cordovil de Souza, Maria Rita Cácia Souza Marciano, Renata Landeval Trigo Souza, Michele de Fátima Souza Marciano, Juliano César Souza Marciano, Jefferson André Souza Marciano, João Marciano, Maria de Fátima Cordovil de Souza Lima (tia Fátima), Mihara, José Neves, Walter Souza Filho (Macalé), Ivana Aparecida Ferreira (Cléo), Cleide Lima de Deus Moraes Mendes, Andreia Oliveira, Daniely de Oliveira, Maria do Carmo Barbosa Bueno, Wagner Rodrigues Bueno, Fábio Sanches Occiuzzi, Marcelo Vega, Antonio Carlos dos Santos (Carlão), Jésus Henrique Silva, Paulo Correa, Luiz Carlos Alves da Silva, Maria Inês de Campos Vilela, Nicole Barros, Roberto Yamamoto, Luciana Burger (ESPM) e Gustavo Carrer (Sebrae SP).

MATRIX